REVERSE PROFIT

逆向盈利 3.0

新商业时代的八大硬核模式

周导◎著

中国人民大学出版社

·北京·

盈利困境

改革开放 40 余年来，中国经济取得了巨大的成就。一个最明显的表现就是由过去的商品紧缺，到今天的物质极其丰富，商品交易已变成了绝对的买方市场。现在每天都有无数种新商品上市，在令人眼花缭乱的商品海洋里，如何让自己的产品脱颖而出，在市场上占有一席之地？这对所有的企业提出了新的要求和挑战，也是我完成本书的原因。

近几年，越来越多的企业家开始抱怨：传统行业很难做，传统生意很难做；工厂很难开，门店也很难开；服装难做，餐饮也难做；做批发，做代理，做品牌……各行各业的生意都很难做。

事实上，今天不是传统行业难做，而是用传统的方法去经营传统的行业，必然因为过度竞争导致严重的产能过剩。很多人都忽略了一个外部环境的变化。这个变化，我称之为"行业周期"。事实上，所有的行业都有一个行业周期，这个周期总共分为三个阶段。

第一阶段：暴利期。这个阶段的主要特征就是消费者对此行业不太懂，竞争对手也很少，购买需求很旺盛，成本又很低。在这个阶段，企业家随便做什么，哪怕水平不怎么样，投资也不多，依然可以赚很多钱。

第二阶段：微利期。慢慢地，企业家从事的行业进入了第二阶段——微利期。在这个阶段，消费者对此行业越来越懂，竞争对手越来越多，这个时候，企业营收上升困难，成本逐渐攀升。随着收入降低，成本增加，盈利跟过去比越来越少。

第三阶段：无利期。再往下发展，随着投资越来越大，竞争越来越激烈，成本越来越高，整个行业的竞争到了白热化的阶段。大家为了抢生意，盈利越来越少，最后甚至为了赢得现金流，没有盈利的生意也做。这个时候，大量企业倒闭，最后能活下来的，往往是大公司、大品牌、大财团。

这三个阶段是任何一个行业都无法回避的。在行业周期的不同阶段，我们自然需要不同的盈利方式。当今传统行业面临的最大问题，不是传统行业本身，而是经营企业的方法太过传统。这种传统的经营思路可称之为"正向盈利"。

所谓正向盈利，首先同时也最重要的一步就是确定做什么，即确定开发和经营什么产品。

产品通常分为三大类：第一类，有形的货品类，侧重于衣食住行；第二类，有形无形结合的服务类，侧重于吃喝玩乐；第三类，无形的智慧类，侧重于康养游学。

选择好产品以后，企业的定性和定位就已经基本完成，第二件事就是开始投资。投资有三种选择：上游、中游、下游。

所谓上游，就是专门负责把产品从无到有生产制造出来。中游既不负责生产，也不负责销售，而是负责产品的流通。下游就是从有到无，把已经有的产品推广销售出去。

最后就是实现投资回报，追求利润最大化。第一是收入最大化，第二是成本最小化。

实现收入最大化要追求客流量最大化、客单价最大化，让每一个顾客回来的次数更多，并且还能够推广、传播、转介绍。

实现成本最小化涉及三部分：厂房装修、机器设备等固定成本，产品、原材料等变动成本，员工工资、福利提成等人工成本。把这三大成本降下来，才能有钱挣。

传统的正向盈利基本上都是这样的经营逻辑。鲁迅先生说过："其实地上本没有路，走的人多了，也便成了路。"今天的现实是，"做生意本有千万条路，但走的人太多了，路就走不通了"。

全中国有数千万创业者，其中99%都在用传统经营逻辑思考和解决问题。相同的一群人做相同的事情，用相同的方法针对相同的客户，必然就导致过度竞争。改革开放以来，经济高速发展，绝大多数行业都已经到了严重过剩的局面。

如果在这样的情况下继续以传统正向盈利的模式经营企业，必然会出现三大死结：第一，利润找不到出路；第二，资产找不到出口；第三，投资无出头之日。

这就是正向盈利在今天面临的巨大问题。

如前所述，传统的正向盈利只适合行业周期中的暴利期。而今天绝大多数行业都已经进入微利期，迈向无利期，只有极少数的行业处在暴利期，还有的行业则已经慢慢消失。与此同时，无数企业家却比过去更努力、更好学，加大投资、转型升级，渴望重新回到暴利期的时代。

事实上，在过去的思维空间里，所谓的转型和转行，换来换去其实就是换产品，比如做服装的转型做餐饮了，做餐饮的转型做大健康了，做大健康的转型做教育培训了，做教育培训的又转型去做服装了……

每个人都觉得自己已经转型了、转行了，事实上还在用相同的方式方法，只是换了一个产品、换了一个载体而已。所以，今天的过剩局面产生的原因，不是产品，也不是行业，而是传统思维和传统经营者的过剩。

在正向盈利的红利期已经结束的当下，企业应该选择什么思路才能赚到钱？应该走怎样的路径才能盘活过去多年投资积累的固定资产？我的答案是，今天最大的机会恰恰在传统行业、传统生意，但要抛开正向盈利的思维，用"逆向盈利"的方式去做，所有的行业都可以重新再做一次，所有的行业都才刚刚开始发展。逆向盈利作为一套新商业模式，切中了今天大部分中、小、微企业的刚性需求：进入微利期和无利期时，到底该怎么赚钱？

盈利破局

张瑞敏说过，没有成功的企业，只有时代的企业。所有伟大的公司都是在正确的时间点上选择了对的盈利模式。

我在调研中发现，所有的企业，其盈利模式不外乎这八种：

产品盈利（格兰仕盈利）品牌盈利（路易威登盈利）
模式盈利（隐性盈利）系统盈利（整合盈利）
资源盈利（垄断盈利）收租盈利（专利盈利）
金融盈利（杠杆盈利）国家盈利（生态盈利）

这八种盈利模式是企业生涯规划的盈利路径，也是企业在不同发展阶段所选择的不同盈利方式，这是每个企业家必须掌握的。过去，在行业的暴利阶段，靠产品盈利、靠品牌盈利。随着竞争白热化，今天要靠模式盈利和系统盈利。过了模式和系统的红利期之后就是明天的盈利，明天要有核心竞争力，没有核心竞争力的公司无法持久。什么是企业的核心竞争力？拥有核心资源以及核心技术，所以明天的盈利一定是靠资源、靠收租。

我把这八种盈利模式分别归纳、对应为四个阶段，在商业发展的不同阶段，要选择不同的盈利方式。

昨天的盈利模式：产品盈利、品牌盈利
今天的盈利模式：模式盈利、系统盈利
明天的盈利模式：资源盈利、收租盈利
后天的盈利模式：金融盈利、国家盈利

今天说生意难做的人，都花了很多的时间精力，天天研究怎么做产品，怎么管员工，怎么做广告、打品牌。

　　事实上，当今企业能够脱颖而出的核心已不再是产品、管理、营销，产品、管理、营销都很重要，但已经成为各行各业的标配。盈利的核心在于找到一种全新的商业模式。如果有一套全新的商业模式，或者有一套可以整合社会资源的系统，其实今天的各行各业都才刚刚开始。

　　希望我们针对各种类型企业进行多年研究总结出的新盈利模式与理念，能帮助读者从昨天的盈利模式转换到今天的盈利模式，走"模式盈利"和"系统盈利"之路，并在未来实现"资源盈利"和"收租盈利"！

CONTENTS
目　录

第1章

单刀直入的产品盈利

1.1   矫正认知

漫步市场，优质产品的价格不菲，并呈日益上升之势。产品的质优，必须设计质优、材料质优、制作质优。所以，"便宜无好货，好货不便宜"，一些企业如是说。粗听起来，这话似乎有一定的道理，细细想来也并不尽然。

"物美价廉"是每个消费者追求的目标，但如同一枚硬币有两面一样，现实生活中，与"物美价廉"理念背道而驰的事例也越来越多。比如，老北京冰棍5角一根，但这丝毫没有影响哈根达斯可以卖到40元一杯的现状；夏利汽车3万多元一辆，这也没有改变奔驰、宝马售价过百万元的事实……

在全国践行工匠精神、如火如荼进行供给侧改革的时候，我们更应该清醒地认识到，产品能不能热销，绝不仅仅在于它的价格是不是无底线的"低"，也不仅仅在于它的折扣是不是无下限的"大"，相反，更大程度上在于它的品质和使用价值够不够合理的"好"。在行业整体情况不尽如人意的时候，也许每个老板更应该静下心来考虑一下，物美价廉还有优势吗？物美价廉过时了吗？物美价廉的发展思路还靠谱吗？

"物美价廉"还能信吗？

关于物美价廉，国内消费者和其他国家大多数消费者的思维似乎有着很大的不同。大多数国内消费者对物美价廉的看法是，产品要好，但价格要便宜，越便宜越好，甚至可以便宜到没有底线。然而，"物美价廉"的真正含义指的是极好的质量与合理的价格。正是因为我们和国外消费者对产品价格和质量理解的不同，才导致了我们的产品和国外产品定位的根本不同。这也使得国内所谓的"价廉物美"中，"价廉"是硬邦邦的，但"物美"则有可能是软绵绵的。

其实，消费者心里都明白"一分价钱一分货""便宜没好货"的道理，只是在购买产品时却经常会因为贪图小便宜犯一些错误、付出一些代价。在这方面，相信不少消费者都有过教训或经验。

进入新世纪以来，淘宝以"物美价廉"赚足了大家的眼球。2019 年"11·11 购物狂欢节"，天猫和淘宝一天的销售总额甚至超过了 2 600 亿元。这恰好是一个说明消费者对价廉产品偏好的典型例子。但是，随后网上又曝出"双十一"淘宝和天猫退货率很高的消息。不管出于何种原因出现退单，也不管是不是伪劣产品,有没有假货,可以肯定的是,消费者对"物美价廉"的理解正在发生着改变。

越来越多的消费者反映,他们已经对淘宝小店的产品质量开始担忧了。他们即使进行网上购物,一般也会选择天猫或者有点知名度的稍微贵些的产品,太便宜的产品不敢买了。因为大家已经开始意识到,即使价格再便宜,如果产品质量太差,买了也纯属浪费。

此外,随着物质生活水平的不断提高,消费者对产品"物美价廉"的理解和要求也在发生变化。曾经充斥在街头、集市上的廉价服装、生活用品,由于来源不明、品质过差,正在从人们的视野中逐渐消失。种种迹象表明,廉价产品似乎被贴上了一个"物不美"的标签,一个产品仅有价廉优势就可以走天涯的时代正在走向终结。

真正的优质低价?

近年,以逆势扩张闻名的名创优品全球联合创始人叶国富提出优质低价的口号。通俗些讲就是:五星级的商品只卖二星级的价格。

事实上,一些实体零售商已经将"优质低价"策略应用纯熟,并且取得了较好的市场效应,比如宜家、优衣库、名创优品等。2015 年,宜家销售收入 319 亿欧元,增长 11.2% ;优衣库销售收入 16 817 亿日元,增长 21.6% ;名创优品销售收入

50 亿元人民币，增长 100%。从宜家、优衣库到名创优品，我们忽略其经营品类、门店类型、贩卖方式等不同，概括出其核心的商业逻辑，那就是"优质低价"。

在品牌上，以高档次形象吸引消费者；在价格上，则以平民价位促成交易。以优衣库为例，一件莫代尔面料的白衬衣，价格可低至 129 元，而同等品质的衣服在一些专柜销售，价格要到 250 元左右甚至更高。

这些案例无不显示：未来的实体店要生存，就必须走"优质低价"的路，要"革"了传统零售业的命。

零售巨头们的做法

其实"优质低价"的狂风早在席卷市场之前就已经渗透到了零售业，而零售巨头更是做了一个好榜样。首都经贸大学教授陈立平老师曾说："零售巨头都是以价格破坏者的形象出现的。"这是对零售业优质低价才能存活的行业现状的最好描述。

作为研究日本零售的专家，陈立平发现，日本几大零售巨头最初就是以"价格破坏者"的形象来颠覆它们的前辈从而获取市场份额的。事实上，我们将这一理论推而广之就会发现，世界上几乎任何一家零售巨头，最初都是以"价格破坏者"的形象出现的，其中不乏 ZARA、H&M、宜家这样的例子。

以沃尔玛为例，其在创立之初便想尽一切办法从进货渠道、分销方式、营销费用及行政开支等各方面节省资金，提出了"天天平价、始终如一"的口号，并努力实现价格比其他商号更便宜的承诺。沃尔玛的出现颠覆了美国当时传统百货店价格偏高的局面。而创立于2013年的名创优品是以新一轮"价格破坏者"的姿态面世的。到过名创优品的人都知道，这里的商品定价大都在10～39元，同样品质的商品，其价格可能只是其他卖场的1/4。它与Dior共用世界上最大的香精香料集团奇华顿公司作为供应商，但35ml的香水只卖39元；与"双立人"共用嘉诚集团作为供应商，但一套3件自由搭配的餐具只卖15元。

这体现的就是进化论，物竞天择、适者生存。实体店如果自己不颠覆自己，那就等着别人来颠覆自己。

"优质低价"内藏套路

当然，这些低价并非不顾成本的营销——这违反商业本质，宜家、优衣库、名创优品等之所以能做到"优质低价"，事实上是有套路的。

首先，从顶层设计上树立品牌形象。

我们提到北欧风格的家居卖场，第一个会想到宜家；提到价格便宜、质量又好的基本款男女服饰，第一个会想到优衣库。而近年来发展神速、3年开店1400家的"零售界黑马"名创优品树立品牌形象时也相当聪明，它找来日本设计师三宅顺也，并且将公司注册在东京，以强调它的"日本品质"。

其次，拥有强大的产品研发能力和供应链掌控能力。

宜家、优衣库和名创优品都有个共同点，即所有的商品均是自己研发。此举一方面从源头保证了产品品质，另一方面形成了对电商的天然壁垒——产品是我的，我可以选择上网或者不上网销售。

而强大的供应链掌控能力是其"优质低价"的有力保障。为节省成本，它们可以规模化采购、全球布局产业链，以低成本、高效率的方式组织生产。

以服装为例，它可以在东京或纽约完成设计，将布料采购放在中国，从韩国采购拉链、纽扣，最终成衣加工则放在劳动力成本更加低廉的东南亚。再举个例子，宜家为了某款家具甚至可以承包一整片森林，而名创优品可以一次性向供应商要求100万件起采购数量。如此完善的供应链使企业具备超强的竞争力。

1.2　　　　压缩成本

"优质低价"的商业模式

对中国实体零售商而言，宜家、优衣库很难效仿，甚至学习名创优品也不太现实，但这并不意味着中国的实体店就无法做到"优质低价"。总结起来，我们有下面两种做法：

一是整合供应链，加强直采。这是目前大部分零售商正在做也比较容易入手的办法，具体的做法就是推动供应链扁平化、发展买手体系以及进行联合采购等。

二是开发自有品牌。在欧洲，零售商的自有品牌商品占比30%以上是很正常的；而在全球三大零售巨头中，开市客的自有品牌占比高达50%。

一些本土零售企业的实践表明，自有品牌不仅可以成为吸引消费者进店消费的爆款商品，甚至还有巨大的利润空间。比如名创优品就有一款经久不衰的爆款产品——10 元 / 支的眼线笔，其自问世以来已在全球售卖超过 1 亿支，虽然它的价格只是专柜价的 1/10，但还是有利润。

老话说得好，到哪个山头唱哪支歌。面对全球经济与消费趋势的转变，只有通过借鉴"价格破坏者"们业已成功的商业逻辑，不断琢磨如何才能优质低价，实体店或许才能找到未来的出路。

成本领先战略

在新的竞争格局下，随着全球经济一体化的发展，企业间的竞争日趋激烈。如何在激烈的市场竞争中胜出，已成为困扰所有企业的共同难题。美国著名战略专家、哈佛大学工商管理学院教授迈克尔·波特（Michael E.Porter）的竞争战略对企业的发展实践极具指导意义。

迈克尔·波特认为能够带来成功机会的基本竞争战略有三种，即成本领先战略（cost leadership strategy）、差别化战略（differentiation strategy）、集中化战略（focus strategy）。在这三种基本竞争战略中，成本领先战略是构建竞争优势的基础。成本领先战略是指企业通过在研究开发、生产、销售、服务、广告等领域降低成本，使本企业的总成本低于竞争对手的总成本，甚至达到全行业最低，以构建竞争优势的战略。

成本领先战略是建立在规模效益和经验效益的理论基础之

上的。首先是规模效益，当生产规模不断扩大时，单位产品的生产成本就会随之不断降低，从而使企业获得效益。其次是经验效益，随着生产数量的增加，人们的生产与管理技术、经验水平不断提高，从而降低单位产品成本，为企业带来效益。

实现成本领先战略

企业在基本了解与竞争对手的成本差异的基础上，要想获得成本优势通常有两种主要方法。一种是在企业价值创造的每一个环节上进行有力的成本控制；另一种是重新构建成本更低的新的价值链。企业不管采用哪种方法实现成本领先战略，都离不开下面几个措施。

第一，实现产品大批量生产——这是最重要的途径。产品产量越大，单位平均成本越低。同时随着规模的扩大，有形成本会降低，无形成本也会降低。因而产品大批量生产是实现成本领先最重要的途径。目前我国汽车行业在成本上比不过日本、韩国，与规模有很大关系。比如，一汽与丰田职工数量相近，但一汽的年产量仅为丰田的 1/3，规模差距决定了成本的差距。

第二，做好供应商营销，搞好协调与配合，以降低成本和分摊成本。供应商营销，也就是与上游供应商（如原材料、能源、零配件等）建立起长期稳定的亲密合作关系，以便获得廉价、稳定的上游资源，同时影响和控制供应商，对竞争者建立起资源性壁垒。要获得廉价的上游资源，规模生产带来的规模采购无疑会削弱供应商的讨价能力。同时，建立采购比价系统，增大采购透明度，采用库存及采购的计算机模型化管理，则可从内部管理环节降低采购成本。

第三，塑造企业成本文化，实现成本的有效控制。追求成本领先的企业应着力塑造注重细节、精打细算、讲究节俭、严格管理、以成本为中心的企业文化。不但要抓外部成本，也要抓内部成本；不但要把握好战略性成本，也要控制好作业成本；不但要注重短期成本，更要注重长期成本。要使降低成本成为企业文化的核心，一切行动和措施都应体现这个核心。"邯钢模式"在一段时间内曾广为推行，很重要的一点是其形成了一种文化，这种企业成本文化得到了员工的高度认同。因此，培植企业成本文化尤其重要，可以有效地实现成本控制。

第四，加强生产技术创新，实现生产设备的现代化。"创新"是一条永远不变的市场竞争法则。技术的革新和革命，生产设备的现代化，会大幅度降低成本。如福特汽车企业通过传送带实现了流水生产方式，大幅度降低了汽车生产成本，进而实现了让汽车进入千家万户的梦想。

第五，充分利用领先优势，选准时机，打好价格战。发动价格战的一定是具有成本领先优势的企业。当和竞争对手有同样的价格时，成本较低的企业可以获得较高的利润率，但是那并不代表它可以获得较高的利润量，因为它的市场份额不一定比对手大，还可能不如对手。因此，要真正超过竞争对手，价格战的确是一把打开市场的利器，但也不是随随便便成功的，长虹当年失败的降价策略即是一例。打价格战也要选准时机，不仅要衡量自己的产品是否适合打价格战，还要考虑价格战会对自己的企业产生什么影响。

面对激烈的市场竞争，机遇与挑战并存。企业应该认清自身优势，实施成本领先战略，提高自身的核心竞争力；在市场竞争中运用成本领先战略，构建竞争优势。如此才有望在强手如林的市场上脱颖而出，成为行业的佼佼者和市场的引导者。

1.3 　 "价格屠夫"格兰仕

价格战一般是指企业之间通过竞相降低商品的市场价格来展开商业竞争的一种行为。其本身是一种市场竞争手段，具有杀伤力强、短平快等诸多优点。著名经济学家曼昆曾经在他的《经济学原理》一书中指出，价格战是消费者选择的必然。

当需求富有弹性时，为了追求利益最大化，企业通常会主动采取价格竞争策略，通过降价刺激需求，使销售量大幅增加，从而帮助企业增加销售收入。价格竞争是建立在一定的经济规律之上的，在一些高度同质化的行业里尤为常见，企业必须通过大幅降价才能说服顾客把目光从其他企业转向自己。

任何关注中国企业战略的人都无法避开格兰仕。而提到格兰仕，大多数人都会联想到它的价格策略。在其漫长的发展过程中，许多因素发挥了作用，但贯穿其发展的一个一直不变的主题就是价格竞争。格兰仕在不断升级的市场竞争中总是出其不意地进行大规模的降价，而且这种持续不断的大规模降价之后，公司的整体营业额不降反升，因此业内人士称其为"价格屠夫"。可以说，格兰仕是中国家电业中成功运用价格竞争策略的典范。

格兰仕公司创立于1978年，是一家世界级品牌家电制造企业，是中国家电业最优秀的企业集团之一，其立志于"百年企业，世界品牌"。1995年，格兰仕微波炉以25.1%的市场占有率登上中国微波炉市场首位，1998年之后，格兰仕微波炉成为世界冠军，并持续占据行业发展的优势地位。格兰仕公司何以在这么短的时间内奠定绝对的领先呢？这里值得注意的是，格兰仕进入微波炉行业的时机其实是非常巧妙的。20世纪90年代初，微波炉在中国基本属于空白期，市场潜力巨大。随着世界家电制造业向中国的战略转移，格兰仕所在的珠江三角洲地区因劳动力成本低、配套产业齐全、优惠政策多而具有较为明显的竞争优势。再者，当时的微波炉市场处于不饱和的状态，在全国范围内的销量都比较有限，在这种情况下，微波炉的单价达三四千元。格兰仕恰在此时进入微波炉市场，并制定了以规模经济为基础的成本领先战略。由此看来，格兰仕能够选择合适的时机进入行业，也是其取得成功的关键因素之一。

格兰仕微波炉成本领先战略实施的是以价格战为外在表现形式、以规模经济为基础的竞争策略。而价格战得以实施的三大因素分别是：第一，有明确的战略目标，以规模和成本优势组合家电行业；第二，有明确的实现手段，以价格战作为基本利器，将对手淘汰出局；第三，有明确的企业定位，即成为全球名牌家电生产制造中心。

格兰仕人信奉虽然价格是最高级的竞争手段，但这是一种有策略的价格竞争，没有基础的盲目降价并不是他们的作风。资料表明，格兰仕在微波炉市场发展过程中曾经经历"三大战役"，由此在市场中站稳脚跟，确立霸主地位。这三次价格战分别如下：

1996 年 8 月，格兰仕为了扩大市场占有率在全国范围内掀起了一场微波炉价格战，平均降幅达 40%，当年实现产销 65 万台，市场占有率一举超过 35%，确立了市场领先者地位。

1997 年春节后，格兰仕发起了微波炉市场的"第二大战役"。这一次是为了进一步巩固公司的行业地位，采用"买一赠一"的促销手段发动攻势，同年 5 月又毫无预警地在全国许多大中城市实施"买一赠三"甚至"买一赠四"的促销大行动。持续的降价使格兰仕的产销规模迅速扩大，同时促进了整个市场潜在消费能力的增长。格兰仕的这次行动使它成为全球最具规模的微波炉生产企业之一。

然而，这还不是格兰仕想要的高度，在获得绝对的市场优势之后，格兰仕又发起了新一轮的品牌歼灭战。1997 年 10 月，格兰仕开始实施薄利多销策略，以此来保证自身的市场占有率。

1998 年 6 月，格兰仕又在国内微波炉市场实施了"组合大促销"，即购买微波炉可获得高档电饭煲、电风扇等赠品，并且赠品的价值不断提高，除此之外，还搭配抽奖互动。至此，格兰仕微波炉正式确立了行业霸主的地位。

格兰仕之所以能够通过"无敌降价战"走向成功，究其根本，是公司具有强大的成本控制能力。简而言之，就是在扩大市场规模的同时，大幅度降价，依次提高市场占有率，形成"规模—降价—更大规模—更低价格"的循环模式，在保证产品品质的同时，持续降低成本，赚取合理利润。

我们这里所说的成本控制是低价销售得以实现的最根本因素。格兰仕在进入微波炉市场初期，就对市场的整体情况进行了比较精准的分析，采取一系列成本管理和控制措施。在格兰仕的成本预算中，原材料成本占据了 60% ~ 70%，这就说明要实施降价策略，首先要考虑减少采购成本。在这方面，格兰仕确定了每年都要下降 10% 的目标。为此，格兰仕培养了大量出色的采购员。在与供应商谈判之前，他们一定会先做精准的成本分析，充分了解供应商的实际成本，再极尽所能地降低报价中的不合理成分。格兰仕善于在供应商之间营造彼此竞争的氛围，更为巧妙的是，它会深入供应商企业内部，帮助供应商解决采购和生产方面的一些问题，帮助供应商降低成本，真正建立合作共赢的关系。因此在谈判过程中，格兰仕总是能够掌握主动权，这也是其获得"价格屠夫"称号的原因所在。

当然，格兰仕不可能只是单纯依靠降低采购成本来实现持续的大幅度降价策略，它还十分注重整合社会资源。在它的业务中，99% 的物流都是外包的，这样一来，公司就能够集中精力发展主营业务。20 世纪 90 年代初，格兰仕进入微波炉市场时，就从日本东芝公司引进了当时最先进的全自动生产线，并在企业内部建立了严格的质量管理制度，以确保产品质量达到国际水平。在注重产品质量的同时，格兰仕还注重分销渠道的质量和服务的质量，通过对分销商的筛选，在短短的两年内就建立了全国范围内的销售网络和规范的服务体系，打下了其立体营销的坚实基础，当然投入也会相应增加。如此一来，在成本增加的情况下进行降价销售是现实的吗？如果是别的企业，可能存在一些问题，但是对于此时的格兰仕来讲，实际上是占据了天时、地利与人和的绝对优势。第一，格兰仕的总部设在广东，珠江三角洲地区以劳动力成本低、配套产业齐全、优惠政策众多而具有明显的竞争优势。第二，格兰仕选择了适当的时机进入微波炉行业，在短时间内扩大了市场占有率。所以，实施降价促销战略并不会给企业造成收入降低的风险，反而会通过薄利多销，使营业额上升，促进企业的长久发展。

为了保证资金链的支撑，格兰仕还采用了"零库存"战略。其选择了距离较近的供应商，这样不仅能够降低运费，还能解决售后问题。格兰仕从细微处入手，对一些看似不起眼的问题也能够从成本等多个角度考虑，力求最大限度地保证产品的质量，实现企业的营业目标。

格兰仕靠着规模优势和成本优势实行的大规模降价的策略，帮助其一举夺得微波炉行业的霸主地位，有效地控制了采购成本，并与供应商建立了合作共赢的关系。在合适的时机采取价格战的策略将会给企业带来更大的利润空间，更重要的是，它在短时间内竖起了一道门槛，奠定了格兰仕在微波炉行业"一枝独秀"的局面，这也是格兰仕取得成功的关键。

1.4   "超级玩家" 宜家家居

随着市场经济的发展，各行各业都面临着激烈的竞争，企业家们绞尽脑汁地思考：如何才能让企业活下去？如何才能真正实现企业的可持续发展？一旦他们开始认真思考，就会发现控制成本成了一个绕不开的话题。成本管理与控制对于企业的发展至关重要，因为成本是定价的基础，定价关系着企业产品的销量，销量是影响企业效益的重要因素。宜家家居作为世界 500 强知名企业，在成本控制方面颇有建树，这为企业的发展提供了源源不断的后劲。其压缩物流、安装、仓储成本等策略对现在的很多中小企业都有很强的借鉴意义。宜家家居的发展模式充分证明了成本管理与控制对于企业的重要性。

宜家家居成立于 1943 年，到 2003 年，它已经成为全球最大的家居用品零售商，拥有遍布全球多个国家和地区的 180 家

连锁店。截至 2015 年 8 月 31 日，宜家在 28 个国家和地区有
328 家商场，销售额更是高达 319 亿欧元。宜家家居连续多年
销售额增长，其根本原因在于始终坚持成本领先战略。

　　当代企业为了进一步发展，必须提高利润，缩减成本，因
此成本控制必然会成为推动企业规模化发展的关键因素之一。
所谓成本控制，是企业根据一定时期预先建立的成本管理目
标，由成本控制主体在其职权范围内，在生产耗费发生以前和
成本控制过程中，对各种影响成本的因素和条件采取的一系列
预防和调节措施，以保证成本管理目标实现的管理行为。而宜
家家居采取的正是这种低成本战略——又称成本领先战略——
并形成了自己的一套风格。要在激烈的市场竞争中取得优势，
有很多种方法，哪一种是最适合企业自身的呢？宜家家居在
作了较为详细的风险评估之后，确定了独特的作战风格，通
过三种途径来实现低成本的目标，这三种途径可以简单概括
为：模块化家具设计方法、有限服务和全球生产管理及物流
体系。

降低原材料采购成本，实现来源可持续

　　宜家坚持最佳采购的原则，有着独特的全球原材料采购方
式。宜家采用全球化的采购策略，在产品的设计阶段，宜家的
采购部门会根据产品的设计要求、价格要求、质量要求在全球
范围内挑选供应商，采用报价系统鼓励供应商之间竞争，使宜

家能够获取较低的采购价格。据统计，在全球 55 个国家和地区中，宜家企业的供应商超过 1 300 家，其中宜家独资供应商共计 31 家，分布在 9 个不同的国家。这种在全球范围内挑选供应商的方法，看似烦琐，实际上能够在追求低成本的同时实现对供应商的考核，比如在原材料的质量和对环保义务及社会责任的履行等方面做一个系统的评估，避免不必要的风险。另外，宜家在进行产品设计时，会考虑使用具有可持续来源的原材料，这样一来，既从侧面达到了降低成本的目的，又与"循环宜家"的理念相契合，将老旧的产品进行回收处理之后，还能重新转换为原材料。对原材料的充分利用是宜家节约成本的有力途径。

严格控制产品仓储成本

物流成本是企业为完成包装、运输、装卸、仓储、流通加工、物流信息和物流管理等物流任务而付出的代价。调查显示，宜家超过 50% 的产品都由供应商直接送往宜家卖场，这样就可以大大减少中间的运输和仓储成本。同时，宜家采用了自动化立体库，一般只需安排职工解决突发事件。减少人工操作也就意味着会降低劳动力成本。宜家设计有比较完善的仓库管理系统，为了减少搬运距离，宜家根据商品的周转率来合理安排储存区域，周转率高的商品尽量安排在出入库区，并通过保持适量的安全库存，降低调配成本和缺货成本。宜家把仓库建在卖场，这种仓储直营的模式可以降低仓储成本和运输成本。

采用平板包装、有限式服务降低成本

宜家对产品采用模块式设计法，这也是宜家家居的特色之一。1953 年宜家在家居业率先采用了模块式家具设计方法，把家具分成不同的模块和部件进行生产，实现模块化生产，然后采用平板包装的方式出售。一方面，平板包装与组装好的家具相比具有扁平化的特点，商品在运输途中不易损坏，同时可以增加单次运输的货物量，从而降低运输成本；另一方面，平板包装可以缩小包装尺寸，有利于合理规划利用空间，降低仓储成本。除此之外，平板包装要求消费者自己将家具部件运回家，自己组装，可以节约安装成本。模块式设计与平板包装既方便包装又有利于运输，还能够提高客户的参与程度，无论从哪个方面来看，对企业而言都是一个非常不错的策略，并且企业可以把产品的不同部分放在有成本优势的地方生产，扬长避短，有效降低成本。其门店内不设专职导购，而是采用体验式营销手段，让顾客自主了解并选购产品，这也是有限服务的一个表现。自助式消费是一种新型的销售方式，消费者在轻松愉快的氛围中也能够提高其购买意愿。实践证明，这种销售方式不仅能够降低人工成本，而且提升了消费者对企业的好感度。

绿色环保，节约能源

宜家家居非常注意绿色环保的理念，不论是在原材料的选用方面还是在科技方面，都一直走在行业的前列。根据宜家集团 2016 财年中国可持续发展报告可知，已经有 11 家宜家商场运用太阳能光伏板发电，年发电 300 万度，降低碳排放量 3 000 吨。这不仅仅是为了环保，更重要的是能够在保护环境的同时实现成本的降低。宜家商场和办公室为了节约用电，都使用 LED 照明设备，仓库只在工作时开启照明设备。宜家规划在宜家工厂、分发中心和商场等场所都将采用除化石燃料以外的其他可再生能源供热和制冷。

成本控制的起点或者说成本控制过程的平台就是成本控制的基础工作。竞争的主要因素是产品价格，而决定产品价格高低的主要因素则是成本。只有降低了成本，才有可能降低产品的价格。成本管理控制首先是全过程的控制，不应仅控制产品的生产成本，而应控制产品生命周期成本的全部内容。实践证明，只有当产品的生命周期成本得到有效控制，成本才会显著降低；而从全社会角度来看，只有如此才能真正达到节约社会资源的目的。此外，企业在进行成本控制的同时还必须兼顾产品的不断创新，特别是要保证和提高产品的质量。所以，科学地组织实施成本控制，可以促进企业改善经营管理，转变经营机制，全面提高企业素质，使企业在市场竞争的环境下生存、发展和壮大。当然，单纯的低成本并不完全是企业的生存之道，一个发展良好的企业必须在实现低成本的同时，找到企业的核心竞争力，二者相辅相成，方能实现企业的可持续发展。

总而言之，成本控制就是为了降低成本，提高企业经济效益。宜家的成功不是偶然，通过对宜家家居成本控制的案例研究，我们发现了企业在运营过程中的一些成本控制节点。

虽然企业成本控制的维度是多样的，但是通过对生产、存储、流通这几个方面的成本控制我们可以看出：提高经济效益不能单纯依靠降低成本的绝对数，更重要的是以较低的消耗，获得较好的效果，实现相对节约，并处理好质量与经济效益之间的关系。宜家的成功告诉我们：在未来，引领企业迈向成功的关键一步，正是量入为出、精密设计的成本控制。

第2章

非试不可的品牌盈利

2.1　　　　　　找准品牌定位

产品盈利模式是现在最普遍，也是随着发展利润将被分摊得越来越少的一种模型。如果你不是源头厂家，且掌握不了核心技术，那么我劝你可以考虑转型了。毕竟敢于拼价格的只有两种：第一，自己生产且掌握行业技术，具备产品定价权。第二，平台型公司，比如拼多多。因为它不生产产品，它也不关心具体什么东西卖什么价格，它赚取的是流量费。所以，对这类型公司而言，价格越低，流量越大。

除此之外，只要你敢拼价格，那不是在等死，就是在找死！所以，接下来我们将介绍盈利模式的第二种模型——品牌盈利。

产品发展到一定阶段，品牌就一定会出现。美国品牌研究专家拉里·莱特（Larry Light）有句名言："未来的营销是品牌的战争——品牌互争短长的竞争。商界与投资者将认清品牌才是公司最宝贵的资产。拥有市场比拥有工厂重要得多，唯一拥有市场的途径就是拥有具有市场优势的品牌。"随着世界经济的发展，拉里·莱特的这句名言已经逐步变为现实。中国加入WTO以后，众多国际品牌先后进入中国市场。面对国际知名品牌的竞争，品牌在我国受到了前所未有的重视。

一说到品牌，很多人脑海中浮现的第一画面就是LV、古驰这些国际大牌。品牌是不分大小的，只是很多人对品牌的概念已经形成了刻板印象。除了那些国际大牌，像我们国内的品牌——老干妈、王守义、卫龙、海底捞……这些都是成功的品牌。

所以，在这里我们先来区分一个概念，就是品牌产品并不一定是指高价格的商品，它也可以是平价甚至低价的商品。而当今时代人们选购商品不再仅注重产品的质量，而是更加注重产品的品牌。品牌不再是商品的代名词，而是企业将塑造意识形态的机制以企业文化的形式更加具象化地展现给消费者；品牌不再是一种产品的代号，而是一种理念、一种态度甚至是一种生活方式的展现，是企业的核心竞争力。

那么，要想成为一个成功的品牌，企业品牌定位就显得尤为关键。品牌定位是指根据目标市场的需求和文化品位，来确定品牌的特色和形象本质，从而在顾客的心目中建立一个品牌差异化印象的过程。著名的品牌研究学者戴维·阿克（David A. Aaker）曾经指出，"如果缺少定位，品牌就会像没有舵的船一样"。

成功品牌定位首先需要了解目标消费者的特征，其次才是开展有针对性的品牌定位。目标消费者的特征主要分为心理特征和行为特征两个方面。了解目标消费者特征的目的是使品牌在消费者中的心理定位与相应产品的功能、利益相匹配。做好品牌定位需要通过市场调查来掌握消费者的心理，把握消费者的购买动机，使产品的品牌定位能激发消费者的情感，赢得消费者的认同和共鸣。

企业要掌握目标消费者的行为特征。 首先，要分析购买者对产品产生需求、购买或使用产品的时机，不同的时机会有不同的需求产生，企业可以根据不同的需求进行产品或服务品牌的合理定位；其次，要分析目标市场消费者对产品的诉求，并以此作为开展品牌定位的主要依据；再次，要分析消费者对品牌的忠诚度，通过分析顾客对品牌的忠诚度发现问题，并能及时地调整自己的定位方向。

企业要掌握目标消费者的心理特点。 首先，要由目标市场消费者的经验、喜好、兴趣、情绪等来分析他们乐于接受和记忆的有效信息，并根据这些信息进行产品品牌的定位。其次，企业在进行品牌定位时不要全盘托出、长篇大论，而是集中力量将一个重点清楚地"打入"消费者心中。最后，企业在进行品牌定位时，要善于运用已有的成果和社会公认的信息，吸引消费者并增加消费者的安全感。

具体实施策略如下：

分析竞争者的情况，寻求差异化的品牌定位。 做好品牌定位不仅要了解目标消费者的特征，还应该分析企业所面临的市场环境，特别是竞争者的定位信息。这是因为，品牌定位的核心是展示产品或服务的相对优势，这就要求企业了解竞争对手的情况，寻求差异化的品牌定位来体现产品或服务在市场中的竞争优势，从而赢得消费者。企业寻求品牌定位差异化，一般可以从三个方面来实现，即品牌性能差异化、品牌形象差异化和消费者洞察力差异化。品牌性能差异化主要体现在品牌的基本功能、可靠性、质量及价格等方面；品牌形象差异化主要体现在品牌所针对的是什么样的消费者，他们又会在什么样的情况下使用本品牌产品或服务；消费者洞察力差异化主要体现在某些品牌更能洞悉消费者的内心，从而满足消费者某方面的独特要求。管理者可以选择任何一种或者对三者进行结合，从而实现本企业品牌定位的差异化。

考虑企业资源的优势，进行合适的品牌定位。进行企业资源优势分析的目的是使品牌定位与企业资源相协调。具体说来，第一，做好品牌定位需要充分考虑产品的属性和特点。因为产品或服务是品牌的基础和依托，消费者在选择品牌时必然首先考虑的是产品或服务的有用性和功能。做好品牌定位必须考虑产品或服务本身的特点，突出产品或服务的特质，使品牌定位与消费者的需求相适应。第二，品牌定位应该结合企业自身的相对优势。品牌定位活动不应该是企业间的实力大比拼，而应该是企业在相互参照的情况下在市场上塑造符合消费者需求且能发挥自身特长的品牌形象，并通过这种精心策划的品牌形象吸引特定消费群的市场营销行为。也就是说，品牌定位的成功与否并不一定取决于企业综合实力的强弱，而在于企业能否将自己的优势有效融合到品牌定位的过程中。只要用心挖掘，每一个企业都会有自身的显在或潜在优势，这就要求企业在进行品牌定位之前，分析自己的资源条件，从中发现优势并将其嵌入企业的个性化品牌之中。

选择适宜的定位方式，实现高效的品牌定位。当企业把握了目标消费者、竞争对手和自身的状况后，就需要选择一个具体的定位方式。一般而言，品牌的定位不要大而全，要小而精，有特定的目标。企业应该结合实际，选择适宜的方式为品牌定位。在企业品牌定位中常用到的方式如下：

比附定位，就是以消费者所熟知的品牌形象反衬出企业自身品牌的特殊地位与形象的做法。如内蒙古的宁城老窖，宣传语是"宁城老窖，塞外茅台"。

USP 定位，USP（Unique Selling Proposition）意为"独特销售主张"或"独特卖点"，也就是说一个产品只提供一个卖点。USP 定位的内容是在对产品和目标消费者进行研究的基础上，寻找产品特点中最符合消费者需要且竞争对手所不具备的最为独特的部分。

心理定位，即以产品能给消费者心理上象征的价值进行定位，突出产品无形的精神功能，给人以心理上的享受和满足，以刺激消费者的欲求。

市场空白定位，是指企业寻求市场上尚无人重视或未被竞争对手控制之处，使自己推出的产品能适应这一潜在目标市场的需要。

除此之外，还有消费群体定位、概念定位、文化定位等等。结合实际情况，选择适宜的品牌定位方式可以强化消费者的记忆，从而使品牌定位收到良好的市场效果。

2.2　提供产品附加值

要想走品牌化道路，只有一个选择，就是不断地给产品提供附加值。这里说的附加值，绝对不单单是指产品的功能性，情感价值、身份认同都属于这个范畴。

这一点很好理解，就像你去买一根 LV 的腰带，你真的是为了买根可以系裤子的腰带吗？如果是，你其实花 20 块钱就能完全解决该问题，为什么要花几千块钱呢？说到底，就是为了上面的 logo。

所以，对于高价品牌的盈利方式，用一句话就能归纳：买品牌，送产品！换言之，品牌就是独立的产品。为什么很多人做生意多年一直不温不火？因为在他们的概念中，产品是产品，品牌是品牌，两者是相互剥离的。卖产品赚的只有差价利润，而卖品牌赚的是高附加值。所以，做品牌就必须脱离产品来思考问题。其实，核心问题只有一个，就是如何让品牌更值钱。

一个成功的品牌，实际上不属于公司，而是属于消费者。做品牌就是要塑造消费者的认知，这个认知就是让客户愿意多花钱的理由。企业要给客户一个贵的理由，而产品好、服务好绝对不是卖得贵的理由，因为在客户心目中，好是理所当然的。

也就是说，做品牌必须要抢占消费者的心理空间。而**做品牌，通常有以下三大诉求**。

功能诉求

"怕上火，喝王老吉"，这句广告语传遍了中国各地，使"王老吉"这个至今已有170多年的历史老品牌重新焕发了活力，并创造了惊人的销售成绩。王老吉之所以能在全国热销，主要归于其成功的品牌定位。

由于王老吉的功能是降火，所以在品牌定位的过程中，企业经过调查研究发现许多消费普遍有喜煎烤食物、爱晚睡熬夜等生活习惯，同时，很多人生活压力较大，这些都极易引发身体上火。这使得消费者常常存在怕上火的顾虑，在心理上希望能提前预防一下。企业摸清了消费者的这种心理需求，于是推出了"怕上火，喝王老吉"的广告语以迎合目标消费者，帮助他们排除"怕上火"这一顾虑。这句只有7个字的广告语通俗、简单，很容易给目标消费者留下深刻印象。

此外，企业还对王老吉的历史文化进行了宣传，凸显王老吉的降火功效为历史承认的事实，以增强消费者的信任感。同时，在电视广告中，企业以吃火锅、通宵看球赛、吃油炸食品、烧烤和夏日阳光浴几个日常生活中常见的场景配合王老吉饮品，强化品牌定位和产品的功效，促使消费者在现实生活中的相应场合下联想到王老吉，从而产生购买。王老吉的宣传语虽然只有"怕上火，喝王老吉"这么一句，但已经表达出了产品的功效和特点，也满足了消费者的心理需求。这就是一种 USP 定位。USP 定位在王老吉品牌打响全国的时期，有利于快速有效地抓住目标消费者，迅速打开全国市场。

情感诉求

哈根达斯是什么品牌诉求？爱。哈根达斯是表达爱的工具。因为"爱她，就请她吃哈根达斯"。换言之，你花 40 元请女朋友吃哈根达斯，她明白，这是要表达爱。但是，假设你花 120 元，以哈根达斯 3 倍的价格请她吃比萨饼，她就不知道这是什么意思。

这就是品牌带给人们的情感价值。鲍德里亚认为消费是具有符号性特征的行为，商品具有符号价值，符号价值并不等同于交换价值和使用价值。每一个物品都是符号，每一个符号都承载了不同的文化意义，人们消费的是承载了文化意义的符号，物品被消费的前提是和其他物品有所差异。物品的符号化特征可以被操纵，这种符号化的过程可以被建构。

哈根达斯由大众性商品转向高端性商品，由美国进入中国，在这一过程中，其使用价值未变，但其符号价值有所增加。通过广告传媒等宣传方式，哈根达斯带着"爱情"的文化意义进入中国，不论是耳熟能详的广告语，还是冰激凌产品的名字，无一不具有爱情的指向性。哈根达斯不仅仅是多种口味的冰激凌，更是带有浪漫意义的符号象征，消费者在哈根达斯和浪漫爱情之间进行的习惯性联想让他们一见到哈根达斯，就能够联想到广告中浪漫的氛围和爱情的甜蜜，自然而然地，他们也会认为这是一种浪漫爱情的象征。哈根达斯作为外来的消费品，其文化意义是既浪漫又温馨的生活方式，而不论身处何地，爱情最终都是寻求浪漫和温馨的感觉，于是，这种文化意义和爱情文化产生了共鸣，为约会提供了全新的方式。

精神诉求

以下以两个例子、两种精神来说明。一种是耐克所表达的运动精神，另一种是全聚德所代表的百年品牌。

"体育、表演、洒脱自由的运动员精神"是追求个性化的耐克公司的文化。耐克的成功完全归功于大家对"保持运动的魔力永在"的共识，其中很重要的一点就是与选手共同成长，不断突破选手的"极限"。耐克公司负责人说："耐克最愿做的、最擅长做的是培养明日之星。"可见,耐克不是纯粹把体育转为商业,签合同,给钱了事,而是要创造机会,培养选手的突破能力,开发其潜能。耐克的"翔计划"就是一个很好的例子,当 2004 年 8 月 28 日刘翔成功取得冠军时,中国乃至世界都极为轰动,而耐克的价值在刘翔身上得到了完美的诠释,在这一刻刘翔如同耐克品牌的精神化身。

品牌不仅仅意味着产品足以信赖的品质,它更多地体现为一种价值观的文化认同与体验。中华老字号品牌不仅拥有独特的非物质文化遗产支撑,还有源远流长的传统文化积淀。消费者购买某种商品并不是单纯的购买行为,而是对品牌所承载的文化价值的心理追逐和个人情感的释放。

全聚德创建于 1864 年(清朝同治三年),它不仅是中国餐饮界久负盛名的中华老字号,还是国际市场上独具特色的中国美食文化的代表。全聚德是成功开展品牌化经营的中华老字号之一,并于 1999 年被认定为"驰名商标"。在世界品牌实验室 2015 年中国品牌 500 强排行中,全聚德集团居第 195 位,总价值 122.38 亿元。在"2016 最具价值中国品牌 100 强"排行中,全聚德以 34.2 亿美元品牌价值名列第 87 位,是进入该排行榜的唯一一家餐饮品牌。

全聚德独特的"鸭文化"既是物质文化,也是精神文化。全聚德着重于在"鸭文化"方面下功夫,其菜品从早年的"鸭四吃",在 20 世纪 30 年代发展为有 20 多道菜品的"全鸭菜"。50 年代后又开发出一批新菜品,逐步形成著名的"全鸭席"。

全聚德创建 150 余年来，经历代名厨传承创新，博采中华烹饪技艺之精粹，形成了以全聚德烤鸭为主，融川、鲁、淮、粤菜肴于一体的全聚德菜系。在全聚德，顾客每吃一只烤鸭就会得到该鸭子的"身份证"。这张"身份证"是一张印刷精美的明信片，写着"您享用的是全聚德第×××只烤鸭"。这不仅意味着每个顾客吃到的烤鸭都是独一无二的，还是顾客进行质量追溯的凭证。顾客进店后可以对鸭坯进行挑选，选好后用毛笔蘸上饴糖水，在鸭坯上写上吉祥字，待鸭子烤熟后，吉祥字或图案就会显现出来。这种"鸭文化"营销方式不仅表现了百年老店的历史底蕴，也让消费者亲自参与了全聚德的"美食旅程"。"烤鸭外交"中，烤鸭成为最亲和的跨文化传播媒介，在官方外交中充当着"润滑剂"角色，这使得沟通环境更加融洽；在公共外交中，作为中华文化的"使者"，在国家和城市形象塑造中发挥重要作用。

总而言之，产品发展到一定程度，一定要形成自我品牌。在现在的市场环境下，同质化产品泛滥，供远大于求，消费者不缺乏对产品的选择。所以，要想追求利润的最大化，就必须跳脱卖货思维，打造品牌意识。只有你的品牌在消费者心里占据一定的位置，你的产品才不怕没市场，没利润！

2.3　"LOGO 分量"之LV

随着全球化进程的不断推进，世界经济不断发展，大众消费能力不断提高，奢侈品行业逐渐与大众消费市场接轨。中国消费者对奢侈品的认识不断加深使得奢侈品消费逐渐在中国市场占据重要的地位，并引起了各大奢侈品品牌的重视。中国成为各大国际奢侈品品牌争夺的新市场。但从数据上看，不难发现自2012年底开始，我国奢侈品市场增长逐渐呈放缓趋势。为了适应中国市场，各大奢侈品品牌开始调整发展策略，以维持在中国的长久市场占有率。

值得注意的是，经济改革之后，中国人民的生活水平不断提高，随之而来的是人们将更多的目光投放到精神方面的消费上，希望通过购买商品来彰显个性或者表达内心诉求。

伴随着供需市场的双重变化，现代营销策略的重心向品牌营销倾斜的幅度越来越大。企业意识到，消费者关注的不再仅仅是商品的使用价值，而是越来越看重它所传递的内涵和附加价值。因此，企业为了更好地融入市场，开始提升品牌本身的价值，加强品牌内涵建设，注重品牌营销。这也是早期品牌价值觉醒的表现。

至于什么是品牌价值，学术界有很多种解释，简单来说，品牌价值就是品牌给产品所带来的附加利益或附加价值。消费者购买产品，很大程度上是因为它的附加价值而不是使用价值。可以说，当前的消费市场中，品牌盈利占据了一个举足轻重的位置。路易威登盈利法就是典型的品牌盈利。路易威登盈利法是与靠产品盈利的传统赚钱方式形成鲜明对比的典型案例，品牌附加价值是路易威登的核心盈利点。下文将介绍该品牌是如何完成企业的转型升级，把品牌盈利做到极致的。当然，最重要的一点是，路易威登盈利法的实现其实对当代国内的很多中小企业有现实的借鉴意义。企业可以有目的地进行学习，并根据企业自身的情况灵活运用，逐渐摆脱单纯靠产品盈利的模式。树立品牌形象，提升品牌价值是企业做大做强的必经之路。

1854 年，路易·威登创立了路易威登品牌，1987 年 Moet Hennessy 集团与其合并，成立了 Louis Vuitton Moët Hennessy 集团。路易威登自品牌创立以来始终将追求精致舒适作为其旅行哲学的核心，并在不断发展的过程中，无限接近消费者的内心，在掌握了消费者的消费动机之后，及时对产品做出调整，以最快的速度适应市场，这是路易威登这个名字响彻全球、成为奢侈品代表的前提条件。

路易威登与中国的渊源，最早可以追溯到一个世纪之前。路易威登在中国市场的发展，其实也算不上顺风顺水，尤其是在中国奢侈品市场迎来寒流的那几年，各大品牌市场业绩惨淡，"关店潮"成为一种趋势。2015 年，路易威登在关闭了6 家门店之后，开始思考如何挽回正在逐渐流失的消费者，并通过对部分门店采取关闭的策略，将精力更多投注在已有店铺的转型升级上。关于品牌升级的故事也是从这个时候开始的，路易威登在此后的很长一段时间内成为其他奢侈品牌效仿的对象。

首先，路易威登对自身的现状进行分析，同时关注消费市场的改变，正所谓"知己知彼，百战不殆"。众所周知，路易威登保持持久魅力且收益颇丰的原因除了上等的质量外，还有一点就是"永不打折"的价格策略。对顾客来说，这是一种心理学上的"捆绑"。消费者信奉的信条中有一条：便宜没好货。路易威登便紧紧抓住这一条，高姿态地树立自身的定位。在路易威登看来，坚持高昂的定价正是其无可挑剔的品质与高贵优雅形象的最有力说明，当然，它的最终目的是希望通过潜移默化的影响使消费者接受这样的定位。事实证明，这种策略取得了成功，因为对于奢侈品的消费，中产阶级所占比重较大，他们有强大的购买力，虽然性价比依旧是其重要的决策因素。

路易威登除了本身精湛的工艺，还有非常经典的 Monogram

组合图案。它是一种独特的由星形、菱形和圆形构成的组合图案，并配有创始人姓名缩写 LV。这些现有的条件，都是路易威登的隐藏优势。字母帆布的经典组合本身就是很亮眼的标志，这样的品牌 logo 让其辨识度极高；最重要的是通过不懈的努力，拥有这样的一只包似乎成为尊贵奢华的象征。

在这方面，实际上路易威登非常巧妙地利用了消费者的消费心理。我们知道，树立品牌价值的最理想状态，不是在市场建立，而是在消费者心里建立。为了达到这一目的，路易威登也做了不懈的尝试。产品拥有卓越精良的品质，是企业发展的根本，虚有其表，终难成就大业，因此，品质方面一定要有所保障，这是企业与消费者之间最直接也是最有效的联系。此外，传承品牌独特的内涵也非常重要。对于路易威登的消费者来说，他买的并不仅仅是那个产品，而是附加在产品上的一些情感或者其他与他本身相契合的需求。另外，将消费群体定位为有较高消费能力的人群，也是路易威登品牌盈利得以实现的一个关键点。它对自身的定位决定了它对消费群体的定位，二者相加，也就是品牌价值的体现。最重要的是，产品的无形价值大于有形价值，它能给消费者带来较大的精神满足感。这是品牌盈利的精髓，你必须明白真正的盈利点在哪里。

路易威登能够有今天的成就，品牌盈利功不可没。

要在市场上打响知名度，最简单的方法就是进行广告宣传。简约典雅的广告投入是第一步。企业邀请形象良好的社会名流、贵妇名媛等作为品牌的推广大使，培育出奢侈品高端奢华又优雅时尚的品牌形象。同时，选择高端时尚杂志做插页广告，或借助顾客的口碑传播扩大影响力和知名度。但是仅仅靠广告带来的影响力和知名度，对于奢侈品来说远远不够，必须要有更具轰动效应的事件营销，例如相关的公益活动，这不仅有益于树立品牌形象，加大消费者对品牌的关注度，还能间接建立其与消费者之间的情感。借助名人效应提升品牌价值也不失为上上策。与新奢侈品牌相比，老奢侈品牌拥有前者望尘莫及的客户资源——皇室贵族和有时代影响力的群体。这些人群简直就是移动的广告牌，无论在什么领域都有较强的影响力。要合理利用这个人脉银行，对企业而言，这是一个非常惊人的消费市场。路易威登还有一个非常知名的吸引点，就是它能够进行"私人订制"。对于上层人士来说，这相当于为自己贴上了高贵的标签。试想一下，如果这款包全世界只有几个人拥有，而你是其中之一，这无异于向全世界彰显了你的身份地位。这实际上也是很多人的购买目的。这些都是路易威登成功路上的助推器。

　　奢侈品的无形价值远高于其有形价值，而无形价值中很重要的一部分就是品牌所传递的文化内涵。它紧随旅行的潮流，不断创新，传递一种敢于追求的生活态度，而这样的无形资产造就了品牌的辉煌。这是其百年传承的精髓，也是品牌盈利的精髓所在。

2.4　"真材实料"六个核桃

改革开放以来，中国经济进入高速发展时期，对于企业而言，其中蕴含的机遇与挑战不言而喻。放眼中国市场，各行各业的佼佼者都是立足于品牌创新的企业，它们因时而动，在关注市场大环境的同时，不断调整自身的发展战略，以适应消费者的需求，因而能够保持持续不断的增长动能，并拥有稳定的受众群。如此良性循环，品牌自然能够按照既定目标发展。

当然，没有竞争就没有进步，无论什么行业，竞争是无法避免的。食品饮料无疑是竞争最激烈的行业之一，这其中，养元凭借"六个核桃"核桃乳跻身10亿元俱乐部，它究竟有什么样的独门秘籍呢？

作为中国植物蛋白饮品行业的领导者，养元"六个核桃"的成功得益于其强大的市场分析能力。面对消费升级带来的市场变化，企业率先吹响了新营销战略的号角，掌握市场主动权，全面开启新时代之下的品牌盈利模式；同时巧妙运用互联网的传播优势，实现多渠道联动、持续领跑植物蛋白饮料行业的目的。

"商场的诡秘多变不限于只有刺刀见红的肉搏战，有时还得比谁能沉得住气。不比对手先失误，暗战式的博弈同样惊心动魄。"有人这样描述 2012 年福州糖酒会现场。这场糖酒会的独特之处，就在于它聚集了众多核桃饮品企业，气氛一度十分紧张。而这场糖酒会最大最"吸睛"的核桃饮品品牌就是养元。作为单一植物蛋白饮料品牌，养元"六个核桃"以年销售走向 30 亿元的业绩傲视群雄。"六个核桃"的王者之路从撬开巨头把守的市场一角开始，到与后起之秀缠斗，一路走来也并不是一帆风顺的。商场如战场，各种明争暗斗从来没有停止过，最让人心生畏惧的还要数市场环境的诡谲变化。要想在市场上生存下来尚且不易，何况是占据行业霸主地位，为此，养元"六个核桃"所做出的努力，远远不止我们看到的这些，但是从它的一些发展经历和实施的宣传战略，我们也能发现一些端倪。

调查发现，养元"六个核桃"在面对市场环境改变的情况下，采取的也是品牌盈利的战略。但是它走的品牌发展战略却不似前文所提及的路易威登战略。它更多的是根据产品本身的特质来树立品牌形象，换句话说，品牌不属于企业，而是属于消费者。以养元"六个核桃"为例，它属于功能性饮料，也就是说企业根据所掌握的消费者相关需求来敲击消费者的痛点，以引起消费者的共鸣，再利用品牌的独特之处，把消费者吸引过来。

养元"六个核桃"刚刚进入市场的时候，行业大环境对它并不友好。在植物蛋白饮料市场中，行业巨头露露已经发展得比较成熟，走的道路相对稳健，养元"六个核桃"要在市场上分一杯羹，并不是想象中那么简单。恰逢此时露露开始进行市场重心转移，这对养元来说无疑是一个绝佳的机会，于是当机立断开始了自己的品牌崛起之路。第一，在品牌推广期，就请来了知名演员做品牌代言人，迅速获得了消费群体关注；第二，趁热打铁，通过央视等主流媒体，进一步对其产品进行宣传，在极短的时间内提升了品牌形象；第三，最重要的是，养元很了解消费者，采取了低价策略，迅速占领终端市场。这一系列动作如行云流水一般，从此稳固了在其大本营的市场地位，知名度也有了质的飞跃。

这里值得一提的是，养元"六个核桃"之所以能够迅速在市场占据一席之地，是建立在对市场环境熟悉的基础上。当饮料巨头把注意力投向一线城市时，正在成长起来的农村市场就成为中小饮料企业的乐土，但是很多企业都把农村市场忽略了。养元"六个核桃"以广大的农村市场为根据地，切入覆盖，扎住根基，再逐步向二级地级市和核心城市市场渗透。养元"六个核桃"自 2009 年确立"经常用脑，多喝六个核桃"品牌定位以来，采取"农村包围城市"的战略，先占领市场竞争对手较少的地区，这是养元"六个核桃"品牌战略得以成功的关键一步。

　　站稳脚跟之后，企业要做的就是进一步扩大市场占有率，这就要求企业把目光放到市场更广阔的一、二线城市。养元以河北省内区域为中心，在周边 500 公里以内的省外区域步步为营，最大限度地做透周边市场，打造赖以安身立命的根据地，然后实施营销模式的滚动复制，稳扎稳打，精耕细作，最终形成大范围市场优势。在扩大市场之后，养元开始考虑进一步提升企业形象，做最高品质饮品。

　　养元坚信真正能够后来居上的品牌，要敢于在定价上做文章，定高价就要从产品品质或者概念上找到让人信服的理由。由于作为原材料的核桃比杏仁贵，作为同样能健脑的饮品，养元"六个核桃"在逻辑上应该比其他植物蛋白饮料的价格要高。所以，养元"六个核桃"的定价比一般的植物蛋白饮料高。高价不仅是产品品质和功效的保障，同时还是品牌档次联想的直接营销武器。当然，这种逆向思维的定价策略对于当时还不算一线企业的养元来说是一场冒险，但这种高价策略不负众望，不但没有影响养元"六个核桃"的市场推广，反而进一步塑造了品牌的高品质形象，确立了产品的地位。

　　当今社会，人们普遍的观念是智慧代表竞争力。这样的社会价值观，实际上蕴含着对启智益智产品的巨大需求，因而，开发脑力、增长智慧的价值诉求成为一个新的市场领域。而附着在核桃健脑价值上的养元"六个核桃"正切合人们对益智的普遍需求。于是，养元开始了新一轮的品牌定位，进一步发掘和强化品牌的益智功能，推动产品开发出一个稳定而持久的市场。2009 年养元"六个核桃"构建了差异化的品类价值：有益健脑的核桃乳。要知道，同一时期，类似的饮品还没有走益智类的道路，这对养元"六个核桃"来说是一个全新的领域，竞争对手少之又少，品牌可以很快在消费者心里多一个标签。我们必须明确，需求不是被创造的，而是被发掘、激发、强化、黏合的。这是个不间断的、连续的过程。养元"六个核桃"迅速迎来了新一批消费者。在他们看来，养元"六个核桃"不仅仅是一种饮品，更重要的是它益智益脑的功效。这在养元"六个核桃"的品牌发展道路上，应该说是浓墨重彩的一笔。产品的差异化价值被开发出来之后，通常还需要一个出彩的口号。今天我们熟悉的"经常用脑，多喝六个核桃"，不仅读起来朗朗上口，还将产品的品类属性和品牌属性凸显出来，产品的战略和诉求得到了非常清晰的表达，这使得整个产品和品牌的识别力大大增强。

2009 年，养元"六个核桃"全面启用新代言人策略，在大众中具有智慧认知的鲁豫形象出现在养元"六个核桃"的包装上，这是一种非常直白的暗示：该产品具有益智健脑的价值。走智慧路线而非"花瓶"路线的代言人策略对养元"六个核桃"的品类价值塑造起了良好的推动作用，也为企业的进一步发展奠定了坚实的基础。

第3章

CHAPTER 3

霸气十足的模式盈利

3.1 认清商业模式

随着竞争愈发激烈，企业生存举步维艰。企业需要钱来运转，员工需要工资来维持生活，老板身上背负的责任也愈来愈重。然而与之相对的，却是企业层出不穷的难题：产品利润太薄，越来越不赚钱；同行打价格战，利润越来越低；找客户太难，打广告价格太高，成本负担重；公司缺人才、缺资金、缺资源；招商难，库存压力大，产品很好，但就是卖不出去……

面对这些问题，管理者还能继续视若无睹、坐以待毙吗？企业要想解决这些问题，就要先找到这些问题的根源。很多问题表面上看是产品、管理问题，实际上并非如此。细细研究不难发现，是商业模式出了问题。只要转换一下思路，很多难题便可迎刃而解。

正所谓"没有模式，不开公司"。现代管理学之父彼得·德鲁克说过："**当今企业之间的竞争，不是产品之间的竞争，而是商业模式之间的竞争。**"是的，21 世纪企业竞争的最高境界，不再是产品的竞争、人才的竞争、营销的竞争、服务的竞争……其最高境界是商业模式的竞争。

据统计数据显示，在创业企业中，因为战略原因而失败的只有 23%，因为执行原因而夭折的也只不过是 28%，因为没有找到正确的商业模式而走上绝路的却高达 49%。可见，商业模式是关系到企业生死存亡、兴衰成败的大事，好的商业模式是企业持续保有竞争优势之源。而企业要想获得成功就必须从确定合适的商业模式开始，新成立的企业是这样，发展期的企业更是如此。商业模式是企业竞争制胜的关键，没有一个好的商业模式，不管企业名气有多大，资产有多雄厚，也必定会走向衰亡。

什么是好的商业模式？

有人形象地说，好的商业模式就是做什么但不是真正做什么，卖什么但不是真正卖什么，赚什么但不是真正赚什么。事实上，**商业模式的真相，不是从现象看现象，而是透过现象看本质。**

商业本质，不外乎"买卖"二字。商业模式并不是拿来卖货的，因为商业模式本身就是作为独立的产品而存在。不是先有产品，后有模式；而是先有模式，后有产品。设计好了模式，再根据模式配置相应的产品。毕竟，今天的商业模式有很多种，只要企业有庞大的渠道或庞大的用户，商业模式几乎都能成立。

举个例子，如果一个企业是做产品生产的，卖的就是这个产品，而企业本身就依靠这个产品赚钱，这就不算是好的商业模式。好的商业模式，与其说是通过商业模式卖产品，不如说是通过商业模式卖商机。

换句话说，产品本身已不重要，重要的是透过商业模式所传达出的创业机会。此时，产品已成为梦想的物质依托。商业模式最大的功能就是帮助足够多的创业者打造梦想，然后通过产品去帮助这些人实现梦想，从而占领市场。

所以说，商业模式本身就是独立的产品，可以通过招商融资卖商机。这个商机能够通过资源整合传递出一种明确的市场需求，而这种市场需求还没有被满足或被充分满足。总而言之，商业模式是商业产生的起点，不管一个公司是大还是小，只要是一个商业组织，就需要有商业模式。

该如何设计商业模式？

商业模式的核心就两个字，一个叫"量"，一个叫"利"。不管企业是做产品的还是做服务的，商业模式最终都要回到盈利层面上。如果老的模式挣不到钱了，那么还有什么模式能够挣钱？要想清楚用什么来产生庞大的量，再想清楚用什么来产生盈利。

因此，新商业模式设计首先就是改变原有的赚钱方式，它围绕着一个中心：改变平面的、单一的原有盈利结构，迈向立体的、多元的、组合的盈利结构。

什么叫平面的盈利结构？"收入减成本"，这就叫平面的盈利结构。"单一的"是指单一的产品结构。要进行商业模式创新，就是要彻底改变传统的"收入减成本"、卖点货挣钱的盈利结构。

什么叫立体的、多元的、组合的盈利结构？就是想清楚用什么方法来与人发生关系从而盈利。模式向前走是建入口，聚人得用户流量；模式向后走是跨行业，寻求新的盈利点；模式向下走是做平台，建立强大的渠道；模式向上走是做生态，要解决的是资源的问题。

举个例子，利乐这个公司一般人都不知道——其实这个公司很厉害——但如果讲蒙牛肯定大家都知道。蒙牛做牛奶需要牛奶包装盒，把牛奶装到包装盒里还需要机器，用的包装盒和机器就是利乐公司的。

所有的牛奶企业竞争来竞争去，就利乐公司偷着乐，因为不管它们怎么竞争，利乐的牛奶盒天天都在卖，天天都在挣钱。利乐公司过去做包装机器，每台包装机器卖 5 000 万元，减掉成本 4 000 万元，最后能赚 1 000 万元。收入减成本等于利润，这就是利乐卖机器设备的盈利方式。

随着卖机器设备的公司越来越多，竞争越来越激烈，利乐也需要进行商业模式创新，而进行商业模式创新前就要问自己一个问题："我除了卖机器，还有什么能挣钱？"

同样的道理，做教育培训的就得问自己：除了卖课，还有什么能挣钱？做服装的也得问自己：除了卖服装，还有什么能挣钱？做电器的也要问自己：除了卖电器，还有什么能挣钱？

可见，**所有商业模式创新第一问就是："如果老的模式挣不到钱，还有什么能够挣钱？"**利乐公司问完自己这个问题以后得出一个结论：原来卖机器只能赚目标企业一次的钱！

费尽九牛二虎之力，把机器卖给了蒙牛，但是在这个机器上面灌装的包装盒，是别人在赚钱，所以利乐公司发现，卖机器挣的钱只能赚牛奶企业一次，但是卖包装盒的生意，可以赚牛奶企业无数次，所以，利乐公司也开始进行商业模式创新。

利乐公司把盈利方式从卖机器开始转向卖包装盒，当卖包装盒开始挣钱之后，原来卖机器要价5 000万元，今天卖4 000万元就好。这个时候竞争对手还能跟利乐竞争吗？不能竞争！竞争对手要留1 000万元当利润，利乐就把那1 000万元丢了，不要了，直接卖4 000万元！后来，很多竞争对手也搞明白了，也学利乐公司这么做，可利乐公司又先走了一步，4 000万元也不要，只卖2 000万元！

这个时候，原来卖机器设备不挣钱的公司要模仿利乐公司又模仿不来了，后来那些其他卖包装机器设备的又跃跃欲试，想要跟利乐学。这时候利乐卖包装盒的盈利慢慢开始稳定，新盈利模式慢慢开始成型，接着利乐来了更凶狠的一招：2 000万元的机器款也不要，转为"零"。

那就变成：

"哎呀，听说你家要开牛奶厂是吧？"

"是的。"

"那你有机器设备吗？"

"没有！"

"那你要机器设备，到我家拿就好了呀！"

"你家的得多少钱啊？"

"谈钱干吗呢，都自家生产的，创业不容易，且行且珍惜！能帮得到你就好，你还谈钱干吗？来来来，运去就好！"

还用卖吗？不用卖了，因为后面可以源源不断地靠包装盒挣钱，这是最简易版本的商业模式创新：一靠包装机器跑量，一靠牛奶盒产生盈利！

所以说，讲商业模式，合在一起就两个字：一个字叫"量"，一个字叫"利"。这就是说，企业要想清楚：用什么来产生庞大的量，再想清楚用什么产生盈利。

3.2　拥抱新商业时代

从流程管理到目标管理，从营销管理到品牌管理，我们曾经通过管理上的升级度过无数的危机。但在移动互联网时代，光靠过去的方法已经无法度过今天的管理危机和经营危机，流量获取的外部环境正在发生改变，企业组织需要不断进化。

管理就是搞定员工与顾客的时代已经过去了。如今市场在变化，顾客在变化。如果企业管理者的思维老化，仍按过去的套路挣钱，一直沿用过去的经验，企业就一定会被淘汰。

从传统的盈利方式到新的盈利模式，老板依然要做过去的基础管理，但他们的思维应该跳出原有的格局，要考虑未来企业生存的基础是商业模式，而基础管理可以由合伙人来做。

从投资导向、营销导向、利润导向、成本导向开始走向模式导向，就意味着从有限的内部空间跳出来，走向无限的外部空间。这是未来没有模式不开公司的底层逻辑。我们正走向商业模式创新的新时代。

企业的核心目标是盈利。而商业模式解决的就是靠什么盈利以及如何盈利的问题。那么，**中小企业究竟该用什么样的商业模式打仗呢？**

新商业模式就是找到新的赚钱方式。商业的本质就是"买卖"二字。商业模式多种多样，但万变不离其宗。好的商业模式要具备两大功能，一个叫"做"，一个叫"卖"。所以，今天新时代的老板的能力标配就是：**设计商业模式的能力 + 卖商业模式的能力。**

未来成功的经营者都是具备商业模式设计能力的人。模式设计能力体现在两种能力上：一是融资的能力，融资融的是资金，融的是人才，融的是资源；二是招商的能力，要能招到代理商和合伙人。商业模式的核心点仍然是买卖。把自己的商业模式卖好，比商业模式落地还要重要。

美国总统特朗普能当上总统是他有能力把总统当好，还是他选得好？他当选总统的过程，其实就是卖商业模式——治理美国的商业模式——的过程。这体现的其实就是一种招商能力。特朗普能顺利卖出治理美国的商业模式，就三个点：一是降低税收；二是加大关税；三是修一堵墙不让墨西哥人和南美人进入美国。

当特朗普通过卖自己和卖治理美国的商业模式得到了多数

美国公民的信任时，他就当上了总统。这时，他就具备了商业模式落地的资源：他手里有调配资金的权力，有调配军队的权力，有调配人才的权力，甚至有修改法规政策的权力，当然还有美国总统的品牌号召力。

　　能卖掉自己的商业模式就能调度各方资源，就会对原有的市场格局产生深远的影响。阿里巴巴的成功也是马云卖商业模式的成功。最早马云把自己的商业模式卖给了阿里十八罗汉，然后卖给了蔡崇信，后来卖给了孙正义、卫哲、曾鸣、张伟。最厉害的是马云把阿里巴巴的商业模式卖给了联合国，卖给了全世界各国的国王、元首、总统。

商业模式怎么融资？ 商业模式又如何招商？

　　所谓融资，就是利用股权融合全社会的资源；所谓招商，就是利用赚钱机会、代理权招募更多的商业合作伙伴。通过卖股权给股东和合伙人，可以吸引到优秀的人才，让其成为自己的创业伙伴；通过招商以吸引资金，得到更多渠道，正因如此，有渠道有终端客户的实体门店都是招商企业所需要吸引的。

　　通过商业模式吸引资本、资源、人才，最重要的是组建团队。**组建什么团队呢？** 一是决策团队，即企业的股东、合伙人；二是监督实施团队，即 CEO 或总经理；三是执行团队，包括企业的代理商团队。所有团队的成员都应该成为独立的盈利点，让他们成为利益的拥有者和公司利益的共同体。

因此，对于中小企业来说，花费大量时间去探索的应是商业模式，而不是别的。只有明确了自己的商业模式，搞清楚自己究竟要做什么、为什么做以及怎么做，才能尽量减少风险、降低试错成本。

什么样的商业模式是传统企业的生存之路？

2016 年 10 月，马云在云栖大会上首次提出"五新"战略。他认为，未来 30 年，"五新"的发展将会深刻地影响中国乃至世界和所有人的未来。马云提出的"五新"，指的是新零售、新金融、新制造、新技术、新能源。

为此，阿里巴巴在新零售领域尝试盒马鲜生，在新金融领域拥有成熟领先的蚂蚁金服，在新制造领域布局达摩院，在新技术领域主推阿里云，在新能源领域整合菜鸟物流。

那么对于中小企业来说，如何实现"五新"？中小企业的"五新"，应该是**新经济、新商业、新模式、新渠道、新用户**。

（一）新经济时代最大的机会在于虚实结合

电子商务发展至今，经历过最狂热也最辉煌的时代。当初马云和王健林的一亿赌注如今依然会被人们提及，也曾经有媒体疾呼"电子商务毁了中国实体经济"，可见互联网对中国实体经济的冲击是革命性和颠覆性的。

声称只做线上的小米已经开了几百家实体门店；号称要颠覆线下零售业的阿里巴巴也以疯狂买买买的形式加码线下，巨头们又开始回归实体经济。"虚实相生，有无相成"，在不断的缠斗中，它们不再像当初那般你死我活地拼杀，反而是一步步走向融合，逐渐合为一体，催生出一种新的经济模式。

（二）新商业时代最大的机会在于创业市场

传统企业家要转型或转行，年轻人想要通过创业致富。国家力推"大众创业，万众创新"，这是一个巨大的商业机会，能够形成创业市场和消费市场的一体化，即实现创业市场化。

无知和弱小，从来不是生存的障碍，自身的傲慢和认知的偏见才是。每当机会来临，往往都被那些看起来没有机会的人抓住。新时代的商业绝学是一种生存能力，是解决缺项目、融资难、招商难等问题的能力，是实现人人可创业，用最简单的方法赚更多钱的能力。

（三）新模式时代最大的机会在于成人达己

传统企业的商业模式，往往只考虑自己赚钱；新型企业的商业模式，研究多帮助别人赚钱。不是传统行业不好做，而是用传统思维不好做。只有具备了帮扶能力，有先成人后达己的思维，为渠道提供解决方案，为用户提供生活方式，为企业开启源源不断的现金流，生意才会变得好做。

什么才是生意的本质？那就是让生命变得更加有意义。要让成人达己成为企业文化的核心价值观。具有成人达己这种帮扶精神的老板，不仅追求公司利益，更注重员工价值、确保客户利益，把公司的成长事业建立在成就他人的基础之上，帮扶各行各业的企业家，开启融资合伙让事变少，启动招商合作让钱变多。

（四）新渠道时代最大的机会就是跨行融合

商业的发展也是延续融合的脚步在进行，从实体门店的地网到电子商务的天网再到微商和社群圈子的人网，最终形成一个完整的商业体系。

从单一型渠道进化成复合型渠道、从专业型渠道进化成跨行型渠道、从开辟型渠道进化成融合型渠道。在三网合一的基础上，实现电商网、门店网、会员网、培训网、商品网、金服网、休娱网的七网融合，提供全覆盖、立体化的生活服务。

渠道建设才是企业生存发展之本。因为渠道连接了产品和用户，注重分享与体验的移动互联网时代，全面满足了用户追求极致便捷的消费体验。未来，得实体门店渠道者得天下。

（五）新用户时代最大的机会就是分享经济

潜在顾客有两种：第一种叫非顾客；第二种叫准顾客。提升客流量的核心有两点：一是如何开发非顾客，让其变成准顾客；二是让准顾客持续裂变非顾客。这就是回本模式，也叫裂变模式。

回本模式的核心是"设计企业隐形的利润空间"，即延长企业的利润链条，通过设计入口的项目，最大限度地吸引客户，而后在下一个阶段实现企业的盈利。根据行业性质的不同，商家可以通过某一件产品来吸引大量的顾客，然后进行其他产品的再销售，或是让客户先进行体验，获得客户的信任后，再通过成交等方式获取新用户。

开发新用户，建立新渠道，设计新模式，拥抱新商业，迈向新经济，走进新时代。"五新"商业模式，才是传统企业的生存之路，从旧经济到新经济、从旧商业到新商业、从旧模式到新模式、从旧渠道到新渠道、从旧用户到新用户，以此成功完成转型升级，在未来商业时代开创新一代传奇。

3.3   "诚心诚意"之小米

经济全球化的深入发展、国际分工格局变化的逐步加快以及互联网技术的进步，推动着创新资源的快速组合与流动。时代对企业提出了更高的要求，要适应市场，首先要找到属于自己的道路。鉴于此，市场上出现了一批依靠其独特模式破局而出的行业新秀，很多企业甚至呈现后来居上之势。

作为一家立足智能手机自主研发的互联网高科技企业，小米公司算是后起之秀。2011年8月，小米公司开始销售智能手机，之后发展势头迅猛。2014年小米公司的手机销量已经达到6 112万台。2017年小米公司在15个国家中处于市场前五位。2018年小米公司手机出货量1.2亿台以上，市场占比8.7%，在中国出海品牌中排名第四，仅次于联想、华为和阿里巴巴，大有后来居上之势。截至2019年，小米公司已经建成了全球最大消费类 IoT 物联网平台，连接超过 1 亿台智能设备，MIUI 月活跃用户量达到 2.42 亿。小米公司的成功对我国互联网企业的发展有着非常重要的借鉴意义。关于小米公司的成功因素，坊间分析多种多样，但无论是人们经常提及的粉丝经济、消费者参与感、互联网营销，还是近期出现频度持续走高的物联网，归根到底是一种商业模式的胜利。小米公司善于根据市场环境的变化，在企业发展的不同阶段都针对性地制定不同的商业模式，巧妙地利用市场、融入市场，这是小米公司成功的根本因素。

小米公司的商业发展模式转变历程大致如下：

初创时期的小米公司专注于卖产品，形成以社区平台为主的商业模式。当时国内的智能手机还没有完全流行起来，市场存在很大的缺口。此时的小米公司致力于研发性价比较高的智能手机，同时配合低价手段，把消费者圈进自己的商业体系里，建立品牌忠诚度，将用户变成企业和产品的粉丝。这种模式不仅使小米公司获得快速发展的机会，还能够在占领市场的同时培养潜在消费群体，这成为小米公司不断发展的基石。

2012 年以后，小米公司站在市场角度分析行情，开始采用互联网营销模式。除了维持贯彻"为发烧而生"的产品理念，维持高性价比和低价出售的优势之外，小米公司还与用户建立起了"亲密的买卖关系"。公司工程师在小米公司专门建立的论坛上与发烧友交流互动，及时了解用户体验，并分析消费者新的需求，充分提高消费者在产品研发过程中的参与程度。最重要的是小米公司将互联网纳入自己的营销网络之中，使用户与小米产品直接产生联系，去掉了市场、渠道终端销售等中间环节，进一步压缩成本，在实施低价战略的同时，保证了公司销售利润不断增加。

当然，这期间小米公司也遇到过瓶颈，幸运的是公司及时进行了调整。2017年开始，小米公司进行了新一轮的模式改革，"互联网＋硬件＋新零售"全新组合的新商业模式带领小米公司走出了困局，创出了更具潜力的商业市场。当全球手机市场都处于一个相对低迷的环境中时，小米手机却逆流而上，完成了一次华丽转身。在新零售时代的背景下，小米公司大力开发线下体验店，扩展线下销售渠道，推行以互联网为依托，通过人工智能等手段将线上线下以及物流深度结合的新的零售模式，成功实现了线上线下的联动，这对小米公司的逆转起到了极大的推动作用。与此同时，小米新零售模式的开启使得公司国际业务暴涨，并在多个国家和地区占据重要的市场地位。简而言之，新零售模式为小米公司开拓了更多用户，利用高性价比硬件的小米生态圈将用户牢牢圈住，通过互联网服务将小米生态圈产生的流量变现，从而使企业获得利润。

众所周知，与苹果手机20%的利润率不同，小米公司董事长雷军曾多次在各种场合强调小米的综合利润率不会超过5%。在这种情境下，小米公司拿什么养活商家和门店呢？这也是现在众多企业最关心的问题：如何实现盈利？下面，我们就以小米手机为例，分析这种商业模式的优势所在。

首先，新的商业模式绝不是靠产品赚钱的，因为利润率太低，但值得注意的是，小米手机依然是小米公司的主营业务。高性能以及亲民的价格，使小米手机在获得市场的同时也收获了一批忠实"粉丝"。这种产品黏度的建立不仅与小米公司长期的运营方式有关，也与小米手机一贯的"饥饿营销"手段有着密切的联系。小米产品上市之前会在电视台和新媒体平台宣传造势，而后把握市场节奏，适时推出符合市场需求的、具有较高性价比的手机。如此，小米产品自然能够立刻吸引消费者的注意力。与此同时，小米公司再配以预售制的销售方案，合理利用时间差对资金进行有效再利用，从而实现资本增值。

资本增值是怎么实现的呢？在小米公司还存在一种小费生意，也就是卖周边产品，这才是小米真正的盈利点。让利设备只是吸引消费者的手段。小米公司将硬件作为小米生态圈的入口，实现用户导流的目的，形成以手机业务为核心，相关生活硬件与产品为延伸发展的智能生活生态圈。随着互联网的普及、小米公司自身技术的发展，以及新时代的发展需求和消费者生活需求的不断提高，小米公司也开始努力拓展和延伸相关周边业务。这一点从小米互联网服务收入的增长趋势上也有所体现。

小米公司的周边业务主要包括两大类：一是拓展以小米电

视、小米音箱等 IoT 为主的管道业务。目前小米公司已成为全球最大的智能硬件 IoT 平台，覆盖超 2 000 万户家庭。小米 AI 音箱"小爱同学"月活跃设备数超 3 000 万台，成为中国最活跃的 AI 语音交互平台之一。此外，小米拥有 2.07 亿 MIUI 用户，这些群体都是小米实现流量变现的强大用户基础。小米公司基于硬件平台收集大量数据，并不断更新技术，分析现有的用户群体，同时面对更广阔的市场，将产品进行精准推送，以手机为现实入口，连接手机自带的应用软件进行导流，实现用户流量变现。

二是开发其他生活硬件以及受小米公司品牌影响的周边零售业务。打开小米积分商城，就会发现除了手机之外，还有耳机、手环、音箱、体重秤等产品，10 元米币卡、米兔系列 T 恤、小米棒球帽、限量纪念版米兔等个性化的周边产品也屡见不鲜。这种周边产品的定价大多比同质量的其他商品更贵一点，但这丝毫影响不了"米粉"高涨的购买热情。作为小米的忠实"粉丝"，很多用户喜欢配套使用相关产品，小米手机的标配就是小米充电宝，正如小米插线板和小米台灯才是最佳拍档。随着小米公司品牌知名度的不断提高，开发出的周边产品类型越来越多，价格也呈现上扬趋势，并很快成为小米公司的主要收入来源之一。

大数据时代背景下，依托强大的企业综合能力并结合消费者市场需求而探究形成的新商业模式，不仅能多维度、全面精准地定位消费者群体，还能保证市场竞争力。另外，与时俱进的商业模式，在灵活适应市场的同时，还能运用大数据分析、云计算、智能手机技术完成自身商业模式的转型升级。小米公司之所以能打破僵局，突出重围，正是因为其新的商业模式能够把握市场的整体局势，从而走上一条可持续发展的大道。

3.4 "开放生态"之宝宝树

2015 年以来"资本寒冬"的论调在创投圈不胫而走,大有愈演愈烈之势,资本市场的焦虑不断蔓延,同时,宏观环境的疲软也在一定程度上影响着中小企业。纵观社会化电商平台,已是红海一片,然而就是在这样的经济现状下,老牌母婴创业公司宝宝树却完成了新一轮融资,进一步奠定了行业地位。

宝宝树是国内最大、最活跃的母婴社交平台。公司成立于 2007 年,同年 3 月就完成了第一轮 1 000 万美元的融资,母婴行业未来的巨头从此开始逐步崛起。宝宝树业务范围也十分广泛,包括母婴社区、电商平台、C2M(Customer to Manufactory,顾客对工厂)以及大健康等多个板块,旨在为中国母婴家庭提供全产业链的消费服务。它的服务对象是快速增长的上千万中国上网父母以及由此辐射到的孕婴童。这是一个巨大的蓝海市场。数据显示,早在 2016 年,一个普通家庭的消费中就有约 33% 是与儿童的日常消费有关的，这实际上反映了母婴行业惊人的增长规模与商业潜力。宝宝树通过为父母提供多层次、全方位的线上及线下服务来实现流量变现。

　　同为"社区 + 电商"模式，宝宝树何以在市场大环境下行的情况下实现逆袭，完成新一轮的商业蜕变？这一切得益于企业灵活应对市场形势，采用了更符合新时期商业特点的发展模式。

　　与同类型平台相比，宝宝树应该是目前行业里做得最全面的母婴网站，除了业务覆盖面比较广，其在技术方面的优势也很明显。品牌的多样化和移动端下载量的增长为宝宝树带来了大量客户，自 2018 年与阿里巴巴集团达成战略合作，其各大平台的月活用户数量大幅增加，同时活跃用户的周期不断延长，付费转化率持续走高。这使宝宝树在营业成绩上捷报频传。公开报道显示，2018 年，宝宝树总收入 7.6 亿元人民币，同比增加 4.2%，毛利为 5.99 亿元人民币，同比增长 30%，经调整利润净额 2.01 亿元人民币，同比增加 29.7%。如此亮眼的成绩，使其坐稳了国内母婴电商平台第一把交椅。与此同时，宝宝树开始着眼国际市场，投资一些国外的育儿平台，力求打造一家全球性的公司。

　　2007 年宝宝树从运营 PC 端母婴社区起家，苦心经营八年之后开始涉足母婴电商。这也是宝宝树"社区 + 电商"模式成功的关键。多年的社区经营使宝宝树能够轻松完成从社区端到电商平台的"零成本"导流。多年的社区深耕，再加上采取直销模式，直接从原产地采购再零售，避免中间环节出现的质量问题，深得妈妈们的信任，用户与产品之间产生黏性，帮助企业实现可持续发展。

宝宝树的"社区＋电商"模式得以成功实施，前期的社区运营无疑起到了至关重要的作用，但是在流量变现的过程中，大数据的应用也不容忽视。这就涉及电商平台的运营模式，在这方面，宝宝树建立了 C2M 闭环，借力大数据完成品牌的开发和升级。C2M（Customer to Manufactory，顾客对工厂）是一种新的电子商务模式，源于德国政府在 2011 年汉诺威工业博览会上提出的工业 4.0 概念。C2M 通过互联网将不同的生产线连接在一起，运用庞大的计算机系统随时进行数据交换，并按照客户的产品订单要求，设定供应商和生产工序。它是现代工业智能化、自动化、网络化、定制化的体现，也是基于社区 SNS 平台以及 B2C 平台模式上的一种新的电子商务模式。

简而言之，C2M 就是抓住消费者的痛点，及时提供相对应的产品。宝宝树分析市场后得出结论：当今并不是物资稀缺的年代，因此单纯卖产品对客户来说毫无吸引力，企业必须要注重消费者的个性化发展。C2M 模式在运作上正好可以弥补这方面的问题。意识到这一点之后，宝宝树及时调整企业发展战略，推出定制化服务，让消费者能够及时获取所需要的产品，节省了筛选信息的时间和精力。同时，这也能够帮助企业规避滞销风险，减少不必要的损失，做到买卖双方的互利互惠。此外，宝宝树在 C2M 的每个环节都提供了覆盖经营全链路的解决方案。它与阿里巴巴集团达成战略合作之后，更是打通了在互联网领域的多个大数据平台。这使得宝宝树能够深挖用户痛点，更加精准地定位消费群体，及时了解产品存在的问题和需要改进的地方，并据此与厂家进行有效沟通，同时，在相关数据的支持下，协助厂家开展研发工作，改进产品和服务。

广告变现是宝宝树的另一大收入来源。宝宝树在旗下多个平台提供广告，而且广告内容随着技术的进步和平台业务的拓展，辐射到医疗、护肤、化妆品等各个领域。移动端用户的增加使广告的投放形式也呈现多样性。宝宝树还构建了"CPM+CPC"的广告定价模型，为广告客户打造最佳的推广方案。事实证明，这些尝试都获得了广告客户和市场的认可。数据显示，2018 年，宝宝树全年广告收入达 5.96 亿元，同比增长 60.1%，其中移动端收入占比 86.9%，泛母婴品牌的广告收入占比 27.4%。宝宝树 2018 年度平均月活用户 1.44 亿，其中移动端 APP 平均月活同比增长 35.1%，可见广告收入在宝宝树的整体营收中占据非常重要的位置。

2016 年之后，宝宝树开始在知识付费方面进行探索，这也是流量变现的重要途径之一。当代年轻人的维权意识不断增强，在获取信息的过程中也更加追求专业性，他们更倾向于"付费内容比免费内容更具有价值"，而且在价格合理的情况下，他们非常愿意为知识付费，这是知识付费业务得以发展的现实土壤。宝宝树的定位是综合亲子社区，其以基础的母婴知识库、问题咨询、交流社区开始，加入 SNS、博客、微博、购物推荐等元素组成，知识付费的内容就分散在这些功能之中。例如，公司会定期请专家普及婴幼儿时期孩子的健康和不健康特征，提醒家长提前预防孩子成长过程中可能存在的健康问题等。这种形式的讲座，通常就是需要付费才能够观看的。除此之外，家长还能够就某些专业领域的问题咨询相关的专家，专家会提供 24 小时在线服务，这种服务也会根据情况收取一定的费用。当然，平台上还有"快问医生"的板块，这方面的咨询，也属于知识付费的内容。

但这种模式并不是一成不变的，近几年来，宝宝树在逐步优化"以广告收入为主 + 电子商务收入 + 线下活动收入"盈利模式的同时，开始尝试一些新的发展模式，以适应时代的不断变化。与阿里巴巴集团合作之后，宝宝树在 O2O、垂直社区电商以及衍生产品业务方面都进行了探索。

总体而言，现今社会中国母婴市场受生育政策的影响，正在焕发新的生机。消费升级带来的生活方式的改变，对于宝宝树这一类的母婴电商平台来说，不仅是机遇，也是挑战。面对电商行业竞争加剧、盈利单一和黏性降低等问题，宝宝树在不断提高产品质量的同时，还要根据市场的变化不断调整发展模式。只有真正做到与时俱进，企业才能获得市场的肯定，实现走向国际市场的远大战略目标。

第4章

无法复制的系统盈利

4.1　系统先行

系统盈利，通常又称为"整合盈利"，顾名思义就是通过资源整合实现盈利。通俗地说，就是**"把需要花钱的事让别人去做，但是让钱进入我的口袋"**。

我们以季琦的故事为例来看系统盈利。2010 年 3 月 26 日，汉庭连锁酒店在纳斯达克证券交易所上市，融资金额达 1.1 亿美元。上市首日收于 13.92 美元，较发行价 12.25 美元上涨 13.63%。这也是继如家、7 天两家经济型连锁酒店集团之后，第三家登陆美国股市的经济型连锁酒店集团。

对于很多财经界和媒体界人士而言，在经历了如家和 7 天的上市之后，同为经济型连锁酒店集团的汉庭成功上市这条新闻本身显然很难让他们产生十足的兴趣，让他们更感兴趣的是这条新闻背后的人物——汉庭的执行董事长季琦。

季琦之所以会引起人们的兴趣，是因为他创造了一个中国企业界史无前例的纪录。作为创业者，他在 10 年内连续缔造了携程、如家、汉庭三家公司，并且使这三家公司先后都成功地在美国纳斯达克上市，也因为这样的辉煌纪录，季琦被人们称为"创业教父"。

经历一番努力最后成功，是创业成功者故事的惯例，但是如同季琦这般，屡次创业屡次成功的却十分罕见，其背后是其非常清晰的思维逻辑。他所创建的企业都具有两个鲜明的特点：一是创建的企业都属于他当时非常熟悉并能掌控的领域——做携程之前，季琦对计算机行业和互联网行业已经有了不少实践经验和直观了解；如家的创建起源于自己在经营携程网过程中的经验和教训；至于如今的汉庭，则完全可以看成是一个升级版的如家。二是这些企业的模式都可以在相应的领域找到成熟的学习范本，并不是像 IT 行业那样一味地追逐潮流。无论是携程，还是后来的经济型酒店如家、商务型酒店汉庭，在创建之初，国外都已经有了相对成熟的模式。

所以，从某种意义上讲，季琦的三次成功与马化腾使腾讯崛起有着极为相似之处——在学习、复制榜样的同时，不断结合消费者的需求进行创新，在"抄"的同时实现超越。"我会先问自己想干什么，再想清楚自己能不能做好，然后才会去做。"在一直强调创新的国内创业者眼中，模仿和抄袭会被大多数人唾弃，但实际上，对成熟对象的学习、模仿、借鉴和改良，这本身就具有一定的进步性和先进性，它可以使创业者尽可能规避一些不可控或者不确定的风险。

　　和许多传奇创业者边干边找人的经历形成鲜明对比的是，携程的成功完全是创业团队的成果。这一点已经成为业界的共识。在创建携程之初，季琦和梁建章两人完全可以直接携手开局，但他们最终还是找来了擅长资本管理和运作的沈南鹏以及有着多年酒店管理运营经验的范敏，组成了后来著名的"携程四人组"。

　　对于经济型连锁酒店行业，做直营店需要很大的投入，而加盟是扩张规模最有效的方法之一。如家在上市后即采取加盟的方式大力发展加盟店，但在汉庭上市之后，资金充裕的季琦在新三年计划里，还是将主要精力放在直营店的建设上。"正因为汉庭的特点，我们必须以保证质量为前提，加快发展。我们过去的扩张还没有疯狂到不计后果的程度，因为我始终有一种危机感：我们是不是太快了，是不是太猛了？"

　　初期追求速度，用最短的时间，将自己的商业模型有效地呈现出来，迅速抢占市场制高点，凭借制高点的位置获取发展所需要的资源，这一直是季琦的创业原则之一。汉庭 2005 年创办，但直到 2007 年才开始大规模扩张，涉足经济型连锁酒店领域。于是，不少创业者不禁要问：为何季琦能够在如此短的时间内，使一家创业型的企业快速成长，并吸引风投资金的进入？

　　有人曾经将季琦比喻为生产上市企业的高速流水线——十年之中，每隔三年就使一家从零创办的企业发展壮大，最终送到纳斯达克上市。事实上，他的秘籍正是"速度"。

　　季琦的速度原则很有意思。创业初期，由于受到各种条件的制约，在包括人才、资金、时间等资源紧张的情况下，创业者不必追求 100 分，达到 85 分就够了，"我的观点是，创业处于高速发展期时，牺牲部分质量是必要的"。但关键在于能否用最短的时间，将自己的商业模型有效地呈现出来，迅速抢占市场制高点，凭借制高点的位置获取发展所需资源，而后再回头修补那部分没有做好的 15 分。

在季琦看来，如今这个时代创业的金科玉律是"快鱼吃慢鱼"，在"瓷器活"成为稀缺资源的大背景下，揽到"瓷器活"远比拥有"金刚钻"更为重要。如家、汉庭的发展历程，都充分体现了季琦"85 分"的原则——初创期靠迅速提升酒店的数量，扩大酒店的规模，在获得充裕的投资站稳脚跟，不至于让自己"死掉"之后，再回过头来具体去解决和强化相应的细节管理问题。

在这个快速变化的时代，季琦的速度原则未必适用于所有的创业者，但对于创业者如何把握好速度与质量之间的平衡，显然具有一定的参考价值。

仔细想想不难发现：其实就算季琦不做汉庭，转型去做礼品市场，照样能火！这是为什么呢？因为他所发掘的系统本身就具备盈利能力，所谓的机票、酒店等服务只不过是盈利的道具而已！况且他手里掌握着大量的客户数据。有了客户在手，不论是上游还是下游资源都能轻松整合进来。

所以，通俗地说，系统盈利就是：**把需要花钱的事让别人去做，但是让钱进入我的口袋。**

为什么说"让钱进入我的口袋呢"？想想，500 万元的前期加盟投资是不是都是你投的？但每天营业所产生的流水进了谁的口袋呢？汉庭的！而你拿的是每月或者每季度的利润分红。换言之，如果一家店平均有 50 间客房，均价为 200 元 / 间，平均每天入住 40 间，那么一个月的营业收入为 24 万元，1 000 家店的总营业收入就是 2.4 亿元。一家公司的账面上每个月恒定流动着这么大笔的现金，除了开发自身业务外，还能涉足其他更多回报率更高的项目。所以，真正让汉庭盈利的地方是各个你看不见的角落。

最近这几年，实体生意不好做，导致两个词变得很火：抱团取暖、资源整合。因此我们经常看到以下的画面：几个老板听完某个课程后，决定要整合一个资源，可他们谈了三个月，龙井茶也喝了不少，却没谈出个结果来。

很多人说，这是因为他们缺乏格局。我认为，其实是他们缺乏系统，缺乏融合社会资源的系统！他们的谈话大多还停留在"你帮我卖点货，我给你提点成"的阶段。

所以说，要想依靠系统盈利，你必须得拿出一套完整的系统来。没有系统，所有制度、模式、产品都会失去依托，变成一盘散沙。有了系统，你就可以把卖产品的整合进来，有会员的整合进来，有渠道的整合进来……将所有于你有用的资源都整合进来，变成这个系统里的枝干。毕竟，卖产品容易被人复制，卖技术怕被人偷学，至于系统，则能让你赚到别人赚不到的钱，因为这个东西没法复制。

4.2　　　　　　　　资源整合

系统盈利所说的系统的出发点在于：你拥有什么核心竞争力能为别人服务？服务的核心就是"利他"，也就是我们常说的四个字：成人达己。

系统拥有强大的融合能力和创新能力，但它更多的是体现商业的智慧，这是无形的资产。比如，当你已经投资下去的酒店、机场缺乏客流量，我能够帮你带来客流量的同时，也顺便赚点服务费。所以，智慧胜过有形资产，融合胜过自我创造，联邦胜过独自拥有，创新胜过内部提升。

中国改革开放到今天已经 40 余年。在这 40 余年里，该投入的基础建设都已经逐步健全起来：有足够多的机场、酒店、门店、经营性人才……就像我们在行业周期中分析的一样，整个供给已经呈现出严重的过剩。

这时候，我们就需要一套融合的创新机制把这些资源充分利用起来，在帮助别人做好生意的同时，也顺便为自己赚取服务费。所以，美团根本不用自己在大街上开门店，只需要把线上的用户流量分享给线下的门店，如此，美团在帮助这些门店降低促销成本、提升营业额的同时，也赚取了更多的用户流量和服务费。

很多人把系统简单地理解为"工具性的流程"，把系统置于模式之下，其实不然。我们这里谈到的系统就是模式的总和，系统高于模式，可以容纳多种模式并行。比如：在阿里巴巴公司的系统中，最早的阿里巴巴是 B2B 模式，阿里巴巴淘宝是C2C 模式，天猫是 B2C 模式，聚划算是 F2C 模式。它们都是不同的模式，但都能在阿里巴巴公司的系统中并行。

我们前面提到的汉庭，它的系统内部也有多种模式。比如，汉庭推出一个名叫全季的高端酒店品牌；再降一个档次就有了海友酒店；再换一个风格就有了漫心、禧玥、星程酒店，在这些酒店品牌之上还有一个华住集团。所以，我们把汉庭这种基于酒店产业的系统称为"产业化系统"。

系统的呈现形式又分为产业化系统和产智融联合系统。

产业化系统：迪士尼给我们的第一印象是可爱的米老鼠和呆傻的唐老鸭，或是精致的动画电影和童话般的迪士尼乐园。然而，当深入分析迪士尼的财报后，我们就会看到，迪士尼其实就是一个靠媒体网络获得收入的公司！

迪士尼这个伟大的公司是从米老鼠和唐老鸭开始的，它通过持续的"造血功能"和并购，不断地生产现象级的 IP。比如，曾成为全球动画史票房冠军的《冰雪奇缘》，以及最近几年的漫威漫画人物和电影、皮克斯的动漫人物。

由于公司的产业链丰富，其 IP 的变现能力、可持续性非常强。迪士尼不仅能生产出一部部口碑极佳的电影，更能凭借大量的周边产品、主题乐园，以及迪士尼频道的内容输出来变现。

所以，从收入的角度看，我们主观印象比较深的影视娱乐方面，其实在迪士尼的收入中占比并不高，这部分所担负的功能主要是成为流量的入口。这些优质的 IP 不断地给迪士尼带来新的观众、粉丝，然后通过线上的迪士尼频道以及线下的迪士尼乐园来变现。

产智融联合系统：首先在产业领域，如果完全解构阿里巴巴的产业布局图，估计一面墙都放不下。这里简单列出几个大家熟知的领域，帮助大家了解阿里巴巴系统的强大之处。

首先，阿里巴巴在电商领域里有阿里巴巴（B2B）、淘宝、天猫、聚划算。阿里巴巴内还有阿里巴巴168，阿里妈妈；淘宝内有海淘、淘票票、闲鱼等。随着用户量逐渐增大，淘宝也从单一的 C2C 购物发展成包括团购、分销、拍卖等多种电子商务模式在内的综合性零售商圈。在天猫里，有天猫国际、天猫超市、喵鲜生、天猫直播等；聚划算也开通了城市团购、聚定制、品牌团、整点聚、聚名品等。除此之外，为了提供更好的物流配送服务，公司在阿里巴巴之外还建立了菜鸟物流体系。

接着，为了提高电商的互联网效率，阿里巴巴还在抢占电商领域之后打造了阿里云。

其次，在智慧领域成立了三所大学：淘宝大学——它是阿里巴巴最初为了让所有的卖家都能利用电子商务做生意而成立的。阿里学院——为内部员工导入阿里巴巴企业文化，培养员工而设。湖畔大学——为了统一外部合伙人和优秀创业者的价值观和理念。湖畔大学是让马云能在众多创业者中筛选出价值观一致的人，并让他们未来高速成长的项目。

最后，为了获取更多的用户，阿里巴巴还打造了阿里影业和阿里音乐。在新媒体领域，阿里巴巴收购了合一资讯（优酷、土豆）和新浪微博，并全资收购了 UC 移动。在传统媒体领域，阿里巴巴收购了《南华早报》。而在体育领域，阿里巴巴和许家印一起投资了恒大足球。

此外，为了让电商业务运作得更好，马云早在 2004 年便成立了支付宝。之后，更延伸出一系列的"宝宝"：余额宝、招财宝、蚂蚁聚宝。马云为了让电商创业者的现金流变得更通畅，还开创了网上银行、蚂蚁小贷；接着，为了让买家尽情购物而不用担心"剁手"，又开创了花呗、借呗、芝麻信用等业务。

总而言之，由于资金有限、人脉有限、能力有限、资源有限、融资难 / 贵、缴纳社保基金 / 税负偏高、创业成功率低等问题，中小企业难以做强做大。所以，未来几年，"资源共享、资源整合"将成为中小企业发展的不二之选。很多企业都提出资源整合，甚至是跨行业资源整合，这正是得益于各自的独特优势。

企业与企业之间的资源整合，最大的特点就是优势互补，共同为客户提供更加便利、优质的服务。企业之间甚至能在客户群上做到资源共享。

现代企业资源不再是传统意义上的企业内部资源，即人才、资金、固定资产及原材料等，它的内涵和外延得到空前的延伸。可以这么说，企业可以利用的或对企业生产经营有促进作用的一切有形资源和无形资源都可以称为企业资源，特别要强调的是企业的无形资源和外部其他资源，这都是过去企业很少重视和挖掘的资源！其核心原理就是整合别人的资源为自己所用，缺什么就去整合什么，缺产品可以整合产品，缺客户可以整合客户，缺人才可以整合人才，缺资金可以整合资金。总之，你不需要什么都拥有，只需要整合到这些资源，并为自己所用就可以了。

4.3   "一夜花开"之如家

近几年来，随着我国社会、经济的全面发展和进步，众多行业都在进行转型升级，尤其是酒店行业，受全球经济复苏的影响，短时间内呈现持续扩张现象。数据显示，截至2018年1月1日，我国经济型酒店营业数为32 444家，客房数2 009 738间，酒店行业一片繁荣盛景。然而，在这繁荣的背后意味着激烈的竞争。为了跟上时代发展的步伐，企业家们积极探索，不断改善企业发展模式。虽然与国外成熟的酒店管理公司相比，中国的酒店管理公司在资金、人才、经营经验方面都处于劣势，但仍然不乏一些优秀的企业。它们面对国内市场环境，独辟蹊径，找到适合中国国情的模式和方法，使酒店管理不断升级，由此打开广阔的市场空间。

从《2014—2019年经济型酒店连锁行业市场竞争格局分析与投资风险预测报告》中的数据来看，经济型酒店已经成为国内酒店行业最火热的领域之一。旅游行业火爆，各种大小会展、商贸往来频繁，使各地经济型酒店以一种爆发式的速度席卷全国。无论你身处哪个城市，都能看到如家、汉庭、格林豪泰、锦江之星、速 8 等品牌酒店。如何在日益激烈的市场竞争中立于不败之地成了企业家们亟须研究的问题。这其中最为著名的就是如家酒店的系统模式。

说到系统，无法忽视的一个人就是季琦。对于这个名字，在前文介绍之前也许很多读者会觉得陌生，但是他创建的品牌却到了家喻户晓的程度，例如携程、如家、汉庭……这些看似没有关联的企业，都出自他一人之手。2001 年，作为携程创始人之一的季琦，通过对携程网上收集的用户数据进行归纳分析，了解到当时的酒店行业处在一个"高不成低不就"的尴尬境地。换句话说，就是高档酒店单价太高，而经济型酒店的卫生条件以及配套设施又不过关。季琦决定抓住这个机会，将手中已经掌握的携程的销售网络和行业优质资源整合起来，加以利用，打造出一个经济型酒店中的连锁品牌。那么，他究竟是如何落实自己的计划，如何一手"捧红"多家酒店企业的呢？接下来，我们以如家酒店集团为例，分析其中的商业逻辑。

2002 年，首都旅游集团和携程合作后，如家酒店集团正式成立，并在极短的时间内迅速发展，一跃成为我国经济型酒店行业的龙头企业，连续多年占据经济型酒店行业综合排名榜榜首。如家酒店的迅速兴起，不仅得益于季琦率先抓住经济型酒店细分市场兴起的商机，更得益于它找到了适合自身发展的模式，实现了快速扩张，并在迅速占领市场的同时，带来了强大的经济效益，如此良性循环，成就了如家的今天。

系统模式实际上就是利用已有的条件，进行资源整合，由此形成一套企业盈利的商业系统。首先，要明确自身定位。如家锁定中低层商务人士和休闲旅游人士为目标客户群体，提出了以精致简约、有限的服务标准，以为低级别的商务人士和休闲旅客创造干净、温馨、舒适、方便、高性价比的住宿服务作为企业的核心价值观的经营理念，及时准确地抓住消费群体的痛点，提供针对性的服务。其次，要合理利用外部资源。如家成立不久，投资方就兵分两路进行宣传造势。一方面，首旅集团投入四家"建国客栈"作为如家首批经济型酒店的样板店，帮助消费者近距离了解如家酒店的实际服务水平和住宿条件。另一方面，携程作为一个在线票务服务公司，掌握了大量喜欢旅游或者有差旅需求的客户的信息，能够精准营销，因此它的宣传效果可以说是立竿见影。两家公司强强联手，发挥各自的优势，实现了资源的优化和互补。如家酒店的起点就是一个非常具有优势的平台，这也使得国内经济型酒店在一套全新理念和模式的指导下开启了全新的征程。

如家在创立之初主要是依托携程网的客源信息打开营销局面，但这并不是长久之计，在经过一番研究、探索之后，如家成功打造了"互联网订房中心＋会员制"的营销渠道，化被动为主动，建立了属于自己的网络客源服务系统。如家不仅开通了全国免费预订电话和手机免费预订电话，2005年7月还开通了网上预订支付系统。它还汲取了携程网的很多优点，例如开通了会员制订房中心，使其成为独属于如家的客源输送渠道。没有对渠道过度依赖的压力使如家在很大程度上占有市场主动权，这也成为企业的核心竞争力。同时，这一营销方式提供了快捷的查房、免费电话及网络订房服务。更加人性化的VIP会员制还可以帮助客户实时更新预订信息，提供最优的住房方案。无论是从价格还是居住条件来看，都更加贴近消费者的实际需求。

要成功地运作一个连锁企业，标准化复制是重中之重。复制的意义在于成本协同、规模效应和品牌强化。然而，知易行难，一旦复制的过程中出现问题，就会成为企业发展的壁垒，使连锁失去意义。因此在这个问题上，如家格外谨慎。直到2006年，它才发展了40家加盟店，并且对加盟店的要求十分严格，从外观到硬件、流程管理等方方面面，都必须按照统一标准执行，力求在每一家分店与消费者建立长久的联系。品牌美誉度是企业做大做强的关键因素，如家的严格要求无非就是最大限度地规避资源整合过程中存在的问题，这也是系统盈利的重要一环。

系统盈利的前提是创业者要有一套系统完善的方案，能把厂家、客户资源以及渠道都进行有效整合，然后考量整个系统实施过程中可能存在的风险，并制定有针对性的计划进行补救。我国经济型酒店数量众多，绝大部分以单体经营为主。大量的单体经营酒店分散了行业资源。如家酒店业依靠连锁经营的商业模式，将单体经营酒店凝聚成有影响力的行业品牌，集约分散资源，实现规模经营，抓住了该行业的发展趋势。

如家酒店发展的关键，就是转变经营方式，走系统盈利之路。系统模式能够帮助企业由单体经营向连锁化经营转变，从而进行资源整合，发挥规模优势。如家可复制的模式是基于系统盈利模式而产生的。规模化运营的优势在于能够最大限度地掌握用户的信息，这些信息使得如家可以提供更有针对性的营销支持，提供更优质的服务。通过规模化经营，实现人力资源的集约化管理，还能在一定程度上节约成本。

如家的成功对经济型酒店行业的发展具有重要的示范作用，然而，伴随着消费群体的不断壮大以及消费市场的进一步细分，经济型酒店市场在未来还将遇到更多的机遇与挑战，但连锁化经营仍是我国经济型酒店行业发展的大方向。企业发展没有长盛不衰的法宝，关键是要洞悉时代和行业发展的整体趋势，并根据企业自身情况，应时应势地制定发展路线和计划，正如如家在经济型连锁酒店尚未形成市场之时，合理采用系统模式盈利一样，这是企业成功唯一的捷径。

4.4   "百年历史"之利丰

商业模式是当今企业的核心竞争力形成和发展的关键性问题。对新成立的企业和已存续的企业而言,有效地构建和推动商业模式的创新和可持续性是企业得以生存和发展的重要因素。每一种商业模式都是经过反复研究不断实践得出的结果,在这个实践的过程中,商业模式也会不断丰富和完善。

进入 21 世纪之后,全球经济一体化格局已经形成,在国际分工不断细化的同时,国内外的大小企业也开始调整自己的发展模式。利丰集团的环球供应链模式也是在这一时期逐渐发展起来的。面对激烈的市场竞争,利丰集团成功推行供应链管理,从简单的采购代理者转变为全球性的供应链管理者,以最具成本效益比的方法为客户提供最佳服务,这不仅是企业自身的进步,也为行业发展打开了一扇新的大门。利丰集团凭借这种新型系统模式相继在全世界 40 多个国家和地区设立 70 多个分公司和办事处，运作管理和不断扩充着这一供应链网络。

香港利丰集团公司成立于 1906 年。它从一个小型华资贸易公司演变为跨国贸易公司，从一个简单的采购代理者演变为一个全球性的供应链管理者，在复杂的市场环境中游刃有余地经营企业，不断完善、加强和扩充供应链，形成了独特的竞争优势。利丰集团用一百余年的时间写就了一个时代的传奇。那么助其创造新辉煌的供应链模式又是如何带领利丰集团开启全新的企业盛世的呢？

首先，需要明确的一点是，利丰集团的成功并不是一蹴而就的，之所以能取得今天这样的成绩，是因为其在不同阶段采用了不同的商业模式。在企业发展过程中，其商业模式经历了五个阶段的演进。

第一阶段：贸易中间人模式。利丰集团成立之初，所做的业务就是架起供应商与客户之间的桥梁，帮助他们建立联系，起到信息中介的作用。这一时期，利丰集团的盈利主要来自买卖双方的佣金。

第二阶段：采购代理商模式。20 世纪 70 年代，由于国际形势的变化，利丰集团开始扮演地区性采购代理的角色，凭借对一些国家和地区的状况与相关政策的了解，促成商业交易的达成。相较于前一个阶段，利丰集团开始进入产业链环节，这提高了服务的附加价值。

第三阶段：增值代理商模式。随着市场节奏加快和竞争日益激烈，利丰集团必须进一步提升服务的附加值，于是，它开始向产业链上下游延伸供应链业务，成为无边界生产的管理者和实施者。这种模式使利丰集团的团队在短时间内实现了专业化，成为产业链中非常重要的一环。

第四阶段：虚拟生产商模式。这里所说的虚拟生产商模式是指利丰集团在了解客户的需求之后，先充当供应商的角色与客户签订合同，而后将生产活动外包给合作工厂，利丰集团则负责生产活动以外的设计、包装、物流、出口等环节。在这种模式下，利丰集团需要承担一部分风险，但是与之相对应的，它也在整个产业链中充当了不可或缺的重要角色。

第五阶段：供应链管理模式。利丰的供应链管理在全世界名列前茅。比如利丰集团旗下的经销板块，在接到订单后就开始启动，在全世界范围内寻找最合适的供应商以及生产场地，再迅速组织起一家"虚拟企业"。由网络整合商转变为一体化供应链解决方案提供商后，利丰集团继续向产业链上下游延伸，开发更全面的供应链业务。从产品设计到原材料管理再到供应商生产，从整合物流到最后的销售，对整个供应链上的每一个环节，利丰集团都会进行风险评估，最大限度地降低客户的产品成本，提升其竞争力。利丰集团成为一个非常成熟的服务供应链运作商。

值得注意的是，利丰集团在每一次商业模式演进过程中并不是单纯地对原有模式进行否定和替代，而是有选择有计划地

进行创新和优化。利丰集团的模式演变实际上就是资源整合能
力的不断提升。作为一个没有厂房、仓库、运输工具，也没有
任何垄断地位的企业而言，如何凭借复合型的知识和人才、规
范的工作流程来实现财富的再生产呢？唯一的办法就是进行有
效的资源整合，让别人的工厂、别人的渠道都能为自己所用，
从而一步步进入生产的核心环节。经过不断实践之后，利丰集
团摸索出一套独具特色的系统盈利模式——全球供应链管理
模式，这一模式使其迅速占领市场，并不断扩大自身优势（见
图 1）。

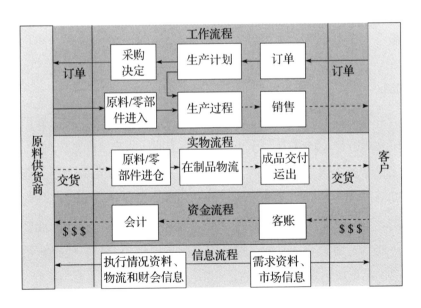

图 1　利丰全球供应链管理模式

利丰集团能走到今天，颇为不易，对许多企业都非常具有

借鉴意义。中国的很多中小企业在面对复杂的国际国内经济环境时束手无策。在不断变化的市场中如何突围、如何帮助企业持续健康地发展，不仅涉及经济结构的条件问题，也涉及中国企业如何在挑战中突破自我的问题。创造更新、更有实践性的模式，可以帮助企业提高自身的竞争力。

利丰集团之所以能够在实际的市场运作中成功地采用供应链管理模式，是建立在它强大的人脉银行、深厚的商业关系、敏锐的市场触觉和创新的流程设计的基础上的。利丰与客户和供应商之间形成较为坚实的合作互动关系，是利丰与外界的纽带。这能够带来更多的合作和更高的商业价值。利丰集团历史最悠久的利丰贸易上市以来，实现收入和净利润增长年均超过20%，平均 PE 高达 30 倍，并创造了市值增长 150 倍以上的神话。

为了更好地适应市场，利丰集团除了为供应商和客户提供中介服务外，还致力于开发多元化的增值服务来增强客户黏性。这也是系统模式的重要特点之一，即在经营主营业务之外，还能够涉及产业链的上下游及产品的周边。这包括产品设计与开发、市场调研、采购原材料、选择合适的厂商等，能在降低客户成本、缩短交货时间、提升产品附加价值的同时，使企业及时洞悉市场需求，与时俱进。

利丰集团作为母公司冯氏集团的业务核心，凭借其不断的自我创新，目前已经成为全球最大的消费品供应链龙头。该公司在全球超过 40 个国家和地区拥有 230 多个办事处及配送中心，并组织和协调由超过15 000家全球供应商所构成的供应网络，为全球8 000多个零售商和知名品牌商提供全球供应链管理服务。

"兵无常形，历时而变"，商业模式的创新是一个动态的过程，针对不同的市场环境、不同时期企业的发展程度都会有不同的模式要求，企业需要依据国情、行情、企情来最终选择一种适合自身的商业模式。如果这其中的任何一个条件发生了改变，企业也需要变革相应的商业模式。

第5章

资源为王的垄断盈利

5.1 垄断与竞争

资源盈利又称为垄断盈利，即垄断某一类资源，获取盈利。谈到"垄断"，在完全竞争的假设前提下，经济学家把垄断归结为市场失灵的表现之一，并认为垄断企业会采取提高价格、降低产量的办法来实现利润最大化，这不仅会造成社会福利的损失，对整个社会来说也是无效率的。人们受这一思想的影响，往往把垄断看成是不好的并加以反对。然而，在现实中纯粹的完全竞争的市场环境是很难找到的，经济学家同样也承认垄断能够促进技术创新和进步、促进规模经济和范围经济的发展，认为竞争产生垄断，而垄断并没有消除竞争。这体现在垄断优化资源配置的功能上。

第一，**垄断对生产效率的提高是通过规模经济来实现的**。规模经济强调的是企业生产单一产品的情况。规模经济就是当企业规模增大时，相对于要素投入的增加，产出以更大的比例增加，平均成本则随着产出的增加而下降，由此带来生产效率的提高。因此，企业规模的扩大有利于生产成本的节约和生产效率的提高。

第二，**垄断对市场交易费用的节约是通过范围经济来实现的**。范围经济强调的是企业生产不同产品的情况，它是规模经济的延伸和发展，其形成的主要原因是共同使用企业的有形资产和无形资产，从而降低成本、分散市场风险、降低各种不确定性。范围经济可以通过两种途径实现，一是实行多角化经营、横向扩张，对于大企业而言，多角化经营反映的是跨部门垄断的倾向；二是实行纵向一体化经营，将处于产供销不同环节的企业合并成一个大的集团，从而使相关交易内化在一个大集团之内，目的是代替市场、节约交易费用。

第三，**垄断有利于技术的创新和进步**。在完全竞争的假设前提下，垄断企业缺乏同行业对手的竞争压力，技术创新动力不足，甚至会阻碍技术创新。但是，随着垄断理论的发展和实践的演变，许多经济学家认为，垄断组织的形成并没有消除竞争，垄断企业仍面临着保持自身优势地位和欲取得该垄断地位的竞争者的双重竞争，因而垄断是有效率的。垄断促进技术的创新和进步表现为两个方面，一方面技术的创新和进步使得既定资源投入获得更大的产出；另一方面技术的创新和进步能够创造差别化的产品，包括全新产品、改进产品、换代产品等，从而在满足消费者多样化需求的同时，增加企业收益。此外，国家允许发明者或企业垄断拥有和垄断使用专利技术，也是一种垄断，即行政垄断。对发明创造的行政垄断，进一步促进了技术的创新和进步。

此外，在资源优化配置的过程中，垄断是在没有消除竞争的前提下发挥作用的，如果没有竞争，即使有政府管制，垄断机制对资源配置的作用也会打折扣。

随着互联网经济的发展，以 BAT（百度、阿里巴巴、腾讯）为代表的互联网公司已经在各自的市场领域形成了份额垄断，关于其垄断的质疑也屡屡见诸报端。在乐清滴滴顺风车事件中，很多人认为滴滴的垄断导致了企业漠视安全义务，因而主张破除垄断才是解决问题之道。但是，在中国互联网产业迅猛发展、走向全球化的过程中，"垄断"的帽子依然不能成为中国互联网企业发展的天花板。适度的垄断不见得是坏事。比如，如果撇开个案，我们通过大数据分析就会发现，大公司的房子、食品，质量相对好于中小公司。所以，问题的要害不在垄断本身，而是监管与监督要跟上，对垄断企业要加强政府监管和社会监督。事实上，对大公司的监管成本更低，监管一个打车软件远比监管一百个难度要小。

论起垄断与竞争的关系，一方面，两者并存且相互转化。垄断企业通过规模经济和范围经济提高效率，同时又在竞争压力下进行技术创新，以保持自身的优势地位，因此，垄断是竞争的一种特例。马克思指出，"在实际生活中，我们不仅可以找到竞争、垄断和它们的对抗，而且可以找到它们的合题，这个合题并不是公式，而是运动。垄断产生着竞争，竞争产生着垄断……垄断只有不断投入竞争的斗争才能维持自己"。列宁也认为，"从自由竞争中成长起来的垄断并不消除竞争，而是凌驾于竞争之上，与之并存，因而产生许多特别尖锐特别剧烈的矛盾、摩擦和冲突"。

另一方面，当超过一定的时空点时，两者是对立的，只存在激烈的竞争。垄断企业为实现利润最大化，可能利用市场势力，按边际私人收益等于边际成本进行定价，从而使消费者支付较高的价格，消费较少的商品和服务，并造成社会福利的净损失。当超过了该时空点时，竞争就会在更长的时间跨度和更广的空间范围内展开。单从空间跨度上看，垄断势力也是有限的，一旦超出某一范围，垄断势力就会消失，就会出现更加激烈的竞争，这种竞争主要存在于垄断组织与垄断组织之间、垄断组织与非垄断组织之间。如果将空间范围延伸到国际市场，国内垄断企业将面临来自国际垄断企业的更大竞争。

到了互联网时代，通过市场自由竞争形成的垄断，源于技术、效率的进步，是"垄而不断"的。这种基于技术和效率优势的竞争型垄断，并没有断绝其他竞争者的竞争机会，因为它一旦丧失技术领先性，垄断局面将很快被打破。当年，诺基亚凭借领先的技术优势连续 14 年销量全球第一；但是，2007 年苹果手机通过智能化模式弯道超车，迅速终结了诺基亚的垄断地位，形成"独霸天下"的局面。未来，苹果公司的垄断地位也有可能被华为公司等打破。诺基亚、苹果各领风骚十数年，并没有阻碍技术的创新，也没有影响用户的体验。

由此可见，对多数消费者而言，竞争型垄断会提高生活效率，由此，消费者开始欢迎竞争型垄断。而在互联网时代，垄断与竞争的关系也开始变得有所不同。

在互联网时代，竞争型垄断反而是企业能力的体现，它有利于提高生产效率。一方面，数字经济作为一种互联网时代的新型经济业态，要求规模效益，即市场份额越大，成本越低。一个用 100 万元成本搭建的平台，如果只有一个用户，则每个用户的成本是 100 万元；如果有 100 万个用户，则每个用户的成本只有 1 元。因此，互联网降低经营成本的逻辑为：用户越多，效益越高。另一方面，互联网企业垄断后会形成大数据，如果加以合理利用，有利于预测社会需要，减少无谓的供给。不论是搜索引擎、电商平台，还是物流快递、打车软件，大数据已经成为促进产业效率的重要工具。数据量越大、分析越准确，对市场需要的预判就越精准，就越能提高经济效益。

可以说，数字经济天然是垄断经济，互联网产业通向的就是一条垄断之路。平台越大，信息越多，效益越高。不难发现，全球十大互联网公司，多是垄断性企业。Google、Facebook、Amazon 等，无一例外都具有垄断性地位。

总而言之，随着经济理论的发展和经济发展实践的演变，垄断作为资源配置的一种形式，同样具有效率，能够提高产出，节约交易成本，促进技术创新。通过自由竞争形成的经济垄断是竞争的一种特例，它并没有消除竞争，反而因垄断企业为保持自身优势地位和应对潜在竞争者而使竞争更加激烈。

5.2 竖起资源壁垒

了解过何为垄断及垄断与竞争的关系后，让我们回到资源盈利上。资源盈利是建立在对某种政策资源或自然资源垄断的基础上所形成的业务模式。当企业通过某种方式获得某些资源，形成对资源的独占优势后，业务模式也就自然建立起来了。

垄断上游核心资源：东阿阿胶

东阿阿胶作为全国最大的阿胶及阿胶系列产品生产企业，涉及中成药、保健品、生物药三大主导产业。其阿胶年产量、出口量分别占全国 75% 和 95% 以上，并掌握全国 90% 的驴皮资源。这背后的含义是什么呢？也就是，同行如果想跟它竞争，对不起，驴都没有！所以，全国的阿胶价格可以说是由东阿阿胶决定的，而这也主要得益于东阿阿胶适时地根据内外部环境的变化调整产品市场竞争战略。

2009 年，东阿阿胶产品多次提价，这在保证利润增长的同时，也让公司失去了部分市场份额。同仁堂、太极集团、福胶集团等上市公司先后杀入阿胶市场，不仅抢占了消费市场，还导致了原料驴皮短缺、产品边缘化等严重问题。面对这一情况，东阿阿胶与特劳特合作，重新理清了公司竞争战略：东阿阿胶地处阿胶发源地，作为国家非物质文化遗产唯一代表性传承人企业，拥有无可替代的品牌资源优势，由此实施主业导向型的单焦点多品牌发展战略，塑造品牌形象。公司决定从国内、国外两个市场对驴皮资源进行掌控，加强渠道管理和开拓。第一，以阿胶品牌价值为核心，一方面向阿胶产生上游拓展，介入驴肉行业并提高农户养驴积极性；另一方面向阿胶产生下游延伸，主要发展健康服务业——膏方产业。第二，东阿阿胶医馆与有名的中医馆合作，加以企业创新、研发能力，并扩展销售渠道，进而构建上下游一体的全产业链发展战略。

垄断下游终端资源：百丽鞋业

还记得"一代鞋王"百丽吗？21 世纪初，百丽可以说是中国鞋业的巅峰，市值一度超过 1 500 亿港元。旗下品牌有BeLLE、Tata、Teenmix……百丽几乎霸占了各百货商场的女鞋专区。当时流传着一句话：凡是女人路过的地方，都要有百丽。

也就是 2007 年至 2011 年的 5 年间，百丽的门店从 3 828 家扩张至 14 950 家，相当于每年开店 2 200 家，每天开店 6 家！大到一线城市百货商场，小到二、三线城市的街道，只要是有人经过的地方，就一定能够看到百丽的身影。

百丽用"神"一样的速度在扩张，当然也收获了"神"一样的业绩——营收 289.45 亿港元。如此巨额，足以让百丽坐稳"江湖老大"的地位。而百丽为什么能够垄断这么多的资源？百丽以"渠道带动品牌"为理念，在商场、百货店内，以 BeLLE 为中心开设不同品牌的"店中店"。这样，消费者在 BeLLE 没有看到喜欢的鞋子不要紧，店旁还有百丽集团的其他品牌店。

正是凭借强有力的终端控制，百丽公司的利润是传统卖鞋公司的 10 倍！这是可以持续发展 10 年的一个模式，它的终端控制不仅让同行的后来者没有机会，还让其他意图杀入该行业的后来者也没有机会。所以说，这一类的企业往往在某一细节领域中做到使企业在规模上具有优势的程度，在终端资源上就可以做到垄断。

垄断规模优势：分众传媒

2006 年 1 月，分众传媒以现金加股票总计 3.25 亿美元的代价收购了即将上市的竞争对手聚众传媒，令业界一片哗然。业内人士纷纷称：分众传媒已经实现了对国内楼宇广告的垄断。

收购了聚众传媒的分众传媒更是实力大增，覆盖全国近 75 个城市，多达 30 000 多栋楼宇，以及 60 000 多块液晶显示屏。它在中国楼宇电视广告市场里占了 98% 的份额，处于绝对的垄断地位。同行如果想跟分众传媒在电梯广告这个领域竞争，基本上连放广告的地方都没有。

凭借规模优势取胜，这种方式一般比较适合民营企业，但它很考验企业的融资能力。

依靠专利技术垄断：生产型企业

根据目前的法律，专利属于独占排他的权利，是法律赋予专利权人的一项特权。它使企业在市场中具有独占优势。针对自己产品采用的专利包装还能排他使用，这使自己在本领域的市场独占鳌头，在保证市场份额的情况下，企业的发展也能够得到实质性的保障，既保证了自己产品的口碑，又保证了自身发展需要的资金来源。

以绿叶制药为例，其作为一家国内很好的创新型药企，曾被评为 2017 年医药上市公司十大创新企业。事实上，绿叶制药早在 20 多年前就拥有了自己的核心技术，并且凭这项技术垄断市场 20 多年。不得不说，手握一件具有核心技术和价值的专利，真的可以笑傲商场。

专利价值不仅体现在专利产品自身的市场价值上，更体现在其他方面：它能有效帮助企业进行产品宣传、树立良好企业形象，使企业成为行业中的技术领头羊。它作为一种无形有价的资产存在于企业中，为企业带来实际的经济效益。企业需要将专利与企业运营管理紧密联系在一起。低端企业玩市场手段，高端企业玩技术战略。专利的价值不仅在于为自己的产品服务，更在于能够阻断对手的前进方向，迷惑对手，成为自己武装攻击和防卫的利器。

而这些**企业能否获取垄断地位的核心在于"融资能力"**。

相信"大富翁"桌游大家都玩过，看似掷色子游走的简单玩法，实则蕴含着相当深刻的道理。首先，在这个游戏中，土地是具有排他性的资产，自身带有垄断的属性。换言之，优质土地的数量是有限的，只要把握住绝大多数的优质土地，就可以持续地获得超额利润。其次，"大富翁"桌游还告诉我们，既然资源是有限的，谁快谁就能赢。刚开始市场是蓝海，谁占的市场份额大，谁就具有绝对优势，地理位置、地皮价格、策略运作，这些通通行不通，拿地才是关键。"迅速占领市场约等于胜利"的法则在真正的商业活动上也适用。

2015 年的滴滴、优步以及快的之战印证了这一点，它们疯狂给用户和司机补贴的目的就是迅速占领市场。但是，对于这种刚刚兴起的进入壁垒本身比较低的行业，想依靠技术好服务棒来竞争并存活并不现实，于是，一种典型的滴滴式打法诞生了：激进融资，疯狂补贴，快速挤占市场，从而不断逼退竞争对手。正如大家所知道的，自从滴滴和优步中国合并后，滴滴打车涨价了，而滴滴的司机也在吐槽赚钱没有以前多了。因为滴滴和优步中国两大巨头完成合并之后，神州和易道目前的规模无法和它们抗衡，所以滴滴几乎垄断了中国的线上叫车市场。

不过，这种玩法的核心逻辑在于要有用不完的钱。那么钱从哪里来呢？这里不可忽略的就是滴滴背后所拥有的豪华投资团队：腾讯、阿里巴巴、苹果……有了这些强大的投资机构在背后支撑，滴滴才能完成先收购快的、再收购优步中国这样的壮举，一举在网约车领域占据近乎垄断的地位。

依靠特殊的法律地位获得垄断：特殊国有企业

由于发展的需要，在关系到国家经济命脉的领域，中国经济存在着部分垄断行业。这些垄断行业的主体基本是国有企业，且多数为中央企业。2006 年，国务院办公厅转发了国资委《关于推进国有资本调整和国有企业重组的指导意见》（以下简称《意见》），《意见》明确了国有经济发挥控制力、影响力和带动力的具体行业和领域，提出国有经济应对关系国家安全和国民经济命脉的重要行业和关键领域保持绝对控制力，包括军工、电网电力、石油石化、电信、煤炭、民航和航运七大行业；对基础性和支柱产业领域的重要骨干企业保持较强的控制力，包括装备制造、汽车、电子信息、建筑、钢铁、有色金属、化工、勘察设计和科技等行业。目前，中国的国有经济经过多年改革和战略调整，布局已经趋于合理，符合服务于国家战略与全民福利的原则。

5.3 "使命担当"之国有企业

石油资源关系到国民经济生活命脉，其他行业生产的很多产品及服务，都以石油作为原料，因此石油又有"工业血液"的美誉。中国石油化工股份有限公司（简称"中石化"）是我国能源安全的屏障，承担着重要的社会责任。因此，构建一个合适的盈利模式既是中石化自身发展的需要，也是贯彻我国能源战略，保障国家石油安全的需要。所以中石化采取垄断式经营，是多种因素综合作用的结果。

第一，从经济角度来看，随着中国特色社会主义进入新时代，我国经济发展也进入了一个新的阶段，这意味着国内企业面临着更复杂的经济环境。其最直接的表现是对能源的需求不断增加。早在此前，中国已由石油出口国转变为石油进口国，出于对战略性资源的保护，对国家安全、经济发展和社会稳定的考虑，垄断式经营最为直接有效。

第二，从制度变迁的角度来看垄断格局的形成。在新中国成立初期，我国政府为了更好地实施管理政策，建立了相对集中的管理机制。就整个石油工业而言，国家在燃料工业部下设石油管理总局，采取高度集权的管理模式。当然，在这个过程中也进行了几次石油行业改革，最终呈现出了中石油"割据"北方、中石化"主打"南方、中海油"偏安"海上的"三分天下"格局。由此可见，石油行业垄断现状并非完全是市场竞争的结果，而是政府运用行政手段所实行的自上而下的布局，是具有重要现实意义的决断。

此外，石油作为一种自然资源，其储量是有限的，而人类社会目前的发展对石油的需求却是无限的，这种供给与需求的矛盾，决定了包括中国在内的世界各国都将石油摆在关系本国经济命脉安全的战略高度。石油本身的重要性和稀缺性造就了石油行业与其他行业的不同特质。纵观当今世界各国，无论是发达国家抑或是发展中国家，都对石油行业进行不同程度的管制，且基本都是垄断经营。

众所周知，垄断经营的优势就在于某种产品的生产有统一的计划，不会产生重复建设和相对过剩的浪费。简单来说，就是能够很好地把控市场。但是真正要实施起来却不是想象中的那么简单。行业发展具有交融性，没有哪一个行业是独立存在的，这也就决定了垄断经营在实际操作过程中将会遇到一些挑战。

石油产业一般分为上游、中游和下游三个部分。上游环节主要涉及原油的开采，具体包括石油的勘探、开发和生产，各环节环环相扣；中游的原油储存环节，是保障原油安全的重中之重，原油会被运往全国各地的炼化加工厂，进行加工提炼，然后再生产出相关的产品进行销售；下游环节涉及炼油、化工和销售几个方面。那么，在我国石油行业国企究竟是怎样进行垄断经营的呢？第一，在石油开采领域，国家政策具有一定的倾向性，对能够获得原油进口配额的民营石油企业制定了非常严格的限制性条件。第二，开采的石油购买权被中石油、中石化和中海油掌控，民营企业难以"搅局"市场。换句话说，国有垄断石油企业完全控制了我国石油链条的源头，从而控制了整个石油链。当然，随着经济全球化的发展，近年来我国在石油方面的政策也有所调整，即逐步增加非国有石油企业的进口配额，但是这种调整也是建立在可控范围之内的。

在石油炼化领域和成品油流通领域，相关政策也规定中大型石油业务企业都划归中石油、中石化负责；与此同时，将成品油批发权主要集中于中石油和中石化，成品油油源被牢牢控制在两大集团手中。在这种情况之下，大量民营油企因为入不敷出，纷纷退出市场。

资料显示，我国陆上石油资源的开采权归中石油和中石化所有，两家公司还拥有 90% 的炼制能力和全国 52% 的加油站。海上石油资源专营权归中海油独有。中石化以中下游业务为核心，形成了上中下游一体化的完整价值链产业结构。这不仅有利于上中下游之间业务的紧密联系，还能更加有效地集中资源、降低生产成本，帮助企业找到各个环节的最佳运营方式，逐步扩大企业在行业中的优势。

然而，所有的模式都是为盈利服务的，虽然国有石油企业肩负着很大的社会责任，盈利仍然是企业发展的重要目标。以下就以中石化为例，深入探讨垄断经营的优势所在。

作为一家国有企业，中石化有着不同于市场普通企业的特性，这也就决定了它拥有独特的价值链与产业结构。在认识到这一点之后，中石化构建了以炼化与营销业务为核心，兼顾上游石油勘探开发业务的发展模式，即勘探、炼化和销售一体化的盈利模式。并且，中石化在实践过程中不断地发展优化这一模式，力求最大限度地贴近企业发展的步伐。

中石化、中石油、中海油在国内石油市场形成了三足鼎立的局面，且各自的领域划分清晰。中石化在中下游的炼化和销售业务方面一直处在遥遥领先的地位，掌握着大部分销售市场份额；中石油则在上游勘探开采环节具有明显优势；中海油则在海上勘探方面独领风骚，现在也逐步与外国的企业进行一些合作，把目光投放到前景更为广阔的海外市场，并在 2010 年之后不断加快拓展海外业务的步伐，深化国际化战略。在这一点上中海油与中石化有着异曲同工之妙。由此可见，在垄断经营模式下，国有石油企业获得国内市场的同时，还在进一步探索未来石油企业的发展路径。目前，"走出去"是国内石油企业一致看好的发展战略，也是国内石油企业获得更多油气资源的重要途径。

除了与外企合作，中石化还与时俱进，拓展非油业务，打造"中石化 +"业务，并利用大数据进一步简化供应链。很多人认为取得垄断经营的优势之后就可以高枕无忧，但是现实中的中石化却有着居安思危的企业精神。垄断经营固然会帮助企业获得较大的市场优势，但如何扩大优势，或者说如何利用自己的优势进一步发展，才是中石化一直在考虑的问题。中石化除了持续稳固石油产品的生产销售外，还积极地拓宽产品思路，发展非油业务。中石化以积极进取的企业精神，全方位开启合作模式，实施跨界合作，运用"互联网＋"，探索开发周边产品业务；同时，利用已有的营销优势进行产品的销售，逐步形成以互联网为基础的新型服务模式。当然，必须明确的是，这一切都建立在垄断经营的基础之上，因为在市场中占据绝对优势，所以在产品开发销售方面更加得心应手，供应业务板块不再是单一的油品销售，而是有了更为多样的相关产品和附加服务。此外中石化还会筹划很多营销活动，例如在全国上线加油卡网上营业厅，改善客户体验，为客户提供更加全面的服务。

在创新企业产品和服务的同时，中石化还在积极探索简化供应链的方式，增强一体化管理以降低成本。中石化的供应链管理方式是对全国范围内的数据进行集中管理，因为中石化上中下游都对物流支持存在较大的依赖性，而数据集中管理可以帮助物流部门实现对所管区域内全部物流资源的整合，最终达到由总部全面管理供应链环节的要求。

中石化在随时代发展的同时，不断提升自身的竞争能力。它虽在国内具有垄断经营的特权，却并不止步于此。它向往的是更为广阔的国际市场，力求在石油行业取得更为骄人的成绩。

5.4　"源头控制"之东阿阿胶

传统上，阿胶是以驴皮为主要原料，用阿井之水熬制、压缩形成的凝胶。阿胶历史悠久，最早可追溯到秦汉时期，是传统的滋补上品。阿胶可药食两用，适用人群广泛，受到广大消费者的喜爱。随着消费水平的不断提高，我国人民越来越注重保养、健康和生活质量的改善。这也使得阿胶市场需求持续快速增长，各方资金趋之若鹜。目前山东省东阿县阿胶类产品生产企业众多，市场竞争非常激烈。

竞争之所以如此激烈，是因为在我国阿胶市场中，仅东阿阿胶与福牌阿胶便已占据 81.7% 的市场份额。除此之外，排名第三至第五位的同仁堂、宏济堂、太极天胶合计占据 9.6% 的市场份额，只有剩余 8.7% 的市场份额由小型阿胶企业占据着。为什么会形成这样的市场格局呢？山东东阿阿胶股份有限公司又是凭借什么优势实现市场垄断的呢？

东阿阿胶股份有限公司隶属于央企华润集团，前身为山东东阿阿胶厂，于 1952 年建成。它是聊城市首家上市公司，主要生产经营生物中药、生物保健品、生物西药等产品。它是中国最大的阿胶企业，产品远销欧美及东南亚各国。东阿阿胶成立以来一直坚持质量、品牌、效益三位一体的发展模式，在业内享有很高的声誉。它曾经三次荣获国家质量奖金奖，并获传统药"长城"国际金奖、首届山东省省长质量奖等众多奖项。它不仅获得了相关部门的肯定，更是得到了消费者的认可。

在阿胶行业发展过程中，毛驴出栏量的锐减一度导致驴皮成本不断上涨。这使得阿胶上游原料——驴皮资源日益紧张，于是行业内出现了以次充好、以假乱真的现象，整个行业都处在一个相对低迷的状态。面对这种情况，东阿阿胶人进行了很多探索，他们认为要解决驴皮资源的问题，必须在根源上有所作为。他们在充分研判市场行情之后得出结论：必须建立产业链，而真正的产业链不能仅靠驴皮来获得收益，要"以肉谋皮"。在有了这样的认识之后，东阿阿胶先后投资 2 亿元，在山东、辽宁、内蒙古、新疆等地建起 20 个养驴基地，既实现了对源头的质量控制，推动了养驴产业的壮大，同时也增加了养驴农民的收入。现如今，东阿阿胶垄断了国内 90% 的乌头驴资源，这些驴资源成为东阿阿胶最有力的竞争筹码。

东阿阿胶对驴皮资源的垄断属于垄断上游核心资源，其盈利模式称为资源盈利。资源盈利又可称为垄断盈利，简单说就是通过垄断一些核心资源，获取必然的盈利。必须明确的是，资源盈利是建立在对某项政策优势或某种自然资源垄断的基础上所形成的业务模式。当企业通过某种方式获得这些优势或资源，形成独占后，业务模式也就自然而然建立起来了。

优质阿胶的生产必须具备三个条件：政府部门核发的阿胶生产许可证、驴皮和东阿水。东阿阿胶股份有限公司的优势在这时就展现得淋漓尽致了。其垄断优势表现在经济资本优势、对驴皮资源的绝对掌控优势、资金优势和品牌优势四个方面。

经济资本优势主要体现在，《中国药典》阿胶质量标准主要由该公司制订。山东东阿阿胶股份有限公司主持编写了《阿胶生产工艺规程》和《阿胶生产岗位操作法》。这是第一次将阿胶生产技术的相关知识作了文字性的记录，并被列为国家级机密。这也在一定程度上形成了山东东阿阿胶股份有限公司的独家优势。

对驴皮资源的绝对掌控优势是山东东阿阿胶股份有限公司的核心垄断优势。在毛驴养殖方面投入大量资金的结果就是该公司控制了全国 90% 以上的驴皮，这一点足以在阿胶行业占据无法替代的位置，同时促使该企业具有了资源垄断的优势。在此前提之下，东阿阿胶开始小幅度提高价格，来试探市场的接受程度，从而使阿胶逐步进入高端奢侈品的轨道。

资金优势其实与上文中提到的对驴皮资源的绝对掌控优势是相辅相成的。作为阿胶类生产企业的龙头老大，山东东阿阿胶股份有限公司在握有优质驴皮资源的同时，在市场份额上也占有绝对优势。在其年度报表中，公司的盈利额度，通常是同行业其他公司好几年的总和。不难看出，与同行业其他企业相比，山东东阿阿胶股份有限公司具有无可比拟的资金优势。

说到品牌优势，还与核心垄断优势有着密不可分的关系。阿胶的生产是非常考究的，祖祖辈辈传承下来的生产工艺，要经过几十道工序才能完成。传统而古老的阿胶生产工艺采用金锅银铲的生产方式，并通过熟练的熬胶工操作来完成多道工序，每步工序的操作均有严格规范。而且阿胶这一产业历史悠久，东阿阿胶作为老字号，具有强大的市场号召力，其阿胶已被山东省政府认定为省级首批非物质文化遗产项目。这也可以说明它在消费者心目中拥有很高的地位。权威认证带来的不仅是名气，更重要的是市场的认可，以及品牌建设上的重大突破。这些优势都是东阿阿胶的无形资产，具有巨大的市场竞争优势。

东阿阿胶之所以能够在阿胶市场独领风骚，被广大消费者喜爱，主要原因在于东阿阿胶在阿胶市场近乎垄断的地位，使公司掌握了话语权和提价权。如果没有垄断，东阿阿胶就不可能从容地思考如何把阿胶品种运作到利益最大化，当然，也不会有相关的周边产品被开发出来。

第6章

硬核主义的收租盈利

6.1 专利为载体

　　收租盈利又称专利盈利，是一种以专利为载体获取盈利的方式。对历史稍有了解的读者都知道，第一次工业革命是以蒸汽机的广泛使用为标志的，而蒸汽机是由英国发明家瓦特改良制造的。那么问题来了，瓦特为什么要去改良制造蒸汽机呢？因为当时英国出台了一项法案，把专利权以法律条文的形式明确下来，当瓦特拥有了蒸汽机的专利权以后，每生产一台蒸汽机就要给瓦特"专利使用费"，瓦特躺着就可以赚大钱了！

　　所以，专利能盈利，这是毫无疑问的！通过调研，我们发现，小微企业在迈向收租盈利的路上并不是无迹可寻的。申请专利一般可以从三个方面界定：发明专利、实用新型专利、外观设计专利。

　　但是，如果你没有自己的专利，又该如何通过其他途径获取专利呢？常见的方式包括专利许可、专利转让、专利质押、技术入股等。

（一）专利许可：出租专利权，专利使用权归他人

专利许可类似于专利权出租，其"租赁"方式分多种：

独占许可（类似于整租房子）：专利权许可被许可方使用后，只能由被许可方一者独自使用，其他任何人包括专利权人自己都不能使用该专利。这就相当于房屋出租后，连房东也不能住。

排他许可（类似于双方合住房子）：除被许可方和专利权人以外的任何人，都不能使用该专利。这就相当于把房屋出租给一个房客，但房客与房东合住，且约定不能租给第三方。

交叉许可（类似于换房住）：如果双方都拥有各自的专利权，那么双方可以约定把自己的专利许可给对方使用，一般情况是相互免费的。这就相当于两个房东互相交换房子住。

普通许可（类似于多人合租）：不仅专利权人自己可以使用该专利，同时还可以把专利许可给多方使用。这就相当于房东把房子租给多个房客，自己也可以与这些房客合住。

例如，2015 年，湖北华烁科技公司将其拥有的 5 项催化剂专利许可给河北一家化工企业使用，对方支付了 5 000 万元人民币，刷新了武汉技术交易最高金额的纪录。该公司还与另外两家公司签订了专利许可合同。这些专利许可就属于普通许可的范畴。

强制许可（类似于政府征房）：如果专利权被政府征用，政

府将以一定的价格支付专利许可费用。这就相当于政府看中了某座房子，让房东把房子租给政府。

（二）专利转让："一锤子买卖"，专利权归他人

专利转让是指专利权人将其专利的所有权转移至受让方，受让方按约定价款进行支付的专利获取途径。取得专利权的当事人，即成为新的合法专利权人，原专利权人不再拥有该专利的支配权。简单地说，专利转让即把该项专利由 A 所有转移成 B 所有，属于"一锤子买卖"。

例如，2014 年郑州大学与浙江奥翔药业签订专利技术转让协议，将常俊标教授研发的一类新药布罗佐喷钠（bzp）以 4 500 万元人民币的价格转让给奥翔药业。这就是典型的专利转让案例，也是常见的"产学研"模式，高校将其研发成果转让给企业，由企业将研发成果转化成产品。转让后，该专利权属奥翔药业所有，奥翔药业可以用该专利技术进行生产、销售，也可以将该专利再转让给他人，或是许可他人使用。总之，一切权利归受让方所有。

（三）专利质押：专利所有权、专利使用权均归专利权人

专利质押与专利转让、专利许可最大的区别在于：其专利所有权和专利使用权均保留在专利权人的手中，仅仅在出现约定情况时，质权人有权支配专利权，即可以通过许可、转让、实施等方式获利。现有的专利权质押中，由政府引导的质押较

多，且多同时以有形资产作为担保。2014 年，山东泉林纸业以 110 件专利、34 件注册商标等知识产权质押，获得 79 亿元人民币贷款。这是当时国内融资金额最大的一笔知识产权质押贷款。

（四）技术入股：专利跟人一起走

以专利技术入股，是常见的通过专利赚钱的手段之一，但是在实际操作层面，更多的是将专利技术入股看作商业合作的手段，而弱化专利本身的价值。

获取专利后，如何变现和获利呢？这是大家最关心的话题。常见的方式有以下几种：

1. 通过生产、销售专利产品变现。

例如，2014 年，浙江三花控股集团四通阀、电子膨胀阀及微通道换热器三大关键产品销售额共计 23.6 亿元，各产品在全球市场占有率中均为第一，该企业拥有绝对的定价权。专利产品为该企业创造了七成的利润。

2. 通过专利入股获利。

例如，2015 年，酷派集团发布公告：乐视成为酷派第二大股东。根据公开资料显示，酷派持有的专利数量超过 500 件，而乐视入股酷派看中的就是酷派在手机应用、通信、双卡双待等多方面积累了一定数量的专利。

3. 专利是企业稳定发展的基础，能确保自身生产与销售的安全性。

例如，根据华为 2015 年年报，截至 2015 年 12 月 31 日，华为在全世界范围内累计获得授权专利 50 377 件，其中在中国累计获得授权专利 30 924 件。与此同时，2015 年，华为的年销售收入达到 600 多亿美元，保持了超过 30% 的高速增长，其海外市场容量超过国内。华为的产品销往全球数十个国家和地区。

4. 享受国家政策优惠、经济补助。

例如，国家针对专利设立奖项：政府对获得中国专利金奖的单位或个人，给予每项 100 万元的奖励；对获得中国专利优秀奖或者中国外观设计优秀奖的单位和个人，给予每项 50 万元的奖励。

5. 专利是企业强大实力的体现，是无形资产。

据美国商业专利数据库显示，2014 年度在美国获得专利数量前五的企业为：IBM，7 534 件；三星电子，4 952 件；佳能，4 055 件；索尼，3 244 件；微软，2 829 件。这些企业均拥有大量专利，也印证了这些企业的强大实力。

6. 许可给他人使用，既获得经济利益又扩大市场占有率。

如上所述，湖北华烁科技公司将其拥有的 5 项催化剂专利打包许可给河北一家化工企业使用，获利 5 000 万元人民币。

7. 专利技术可以作为商品出售或转让，实现变现。

如上所述，郑州大学与奥翔药业签订专利技术转让协议，郑州大学与常俊标教授获得 4 500 万元人民币。

我常常会思考，专利行业究竟是一个怎样的行业？这个行业似乎没有金融业的光鲜亮丽、波诡云谲，没有 IT 业的熬夜成性、风起云涌，没有医者的妙手仁心、悬壶济世，亦没有教者的桃李天下、德高望重。这个行业似乎只和"创新"这个概念紧密相连，而和"创收"这个概念毫无干系。

有没有一种现有形式，能对市场主体的创收状况和经营成果进行准确、定量的刻画呢？

本杰明·格雷厄姆在《上市公司财务报表解读》中说："……一张资产负债表试图说明的内容，无非就是一家公司有多少东西，又欠了别人多少……"专利作为公司所拥有的东西之一，被划归"无形资产"的范畴。

无形资产，就是那些既看不见也摸不着，还无法称量或测量的各项资产。最常见的无形资产有商誉、商标权、专利权和租赁权等。不管怎么说，专利相对商誉来说，是一种更加明确的资产类型。然而，权衡一项专利在给定时点上的真实价值或合理价值，却是极为困难的。特别是对于公司依据其拥有的任何专利获取盈利的能力及程度，我们往往知之甚少。专利反映在资产负债表上的价值，几乎不能给我们提供任何有用的线索来判断其真实价值……换句话说，真正需要考虑的重要因素是这些无形资产的盈利能力，而不是它们在资产负债表上的账面估值。

目前看来，从资产负债、利润损益、现金流等现有"创收"记录上，没有记载与"专利"相关的任何条目。正如格雷厄姆所说，这个问题要转到"专利的盈利能力"上去，换言之，就是要转到"专利运营的能力"上去。

6.2　专利运营

在探讨如何让专利盈利这个问题之前，我们首先要明白：申请专利的根本目的是通过保护具有商业价值的产品和方法来达到保护发明人、权利所有人合法权益的目的。

更实际点说，能够在短期内赚钱的点子适合申请专利，不能在短期内赚钱的点子不适合申请专利（在产品研发周期短，即收回成本的周期少于专利保护年限的情况下，就可以视为能在短期内赚钱）。这是因为具有重大原始创新的创造变为成熟的产品需要花费漫长的时间，比如20年、30年，而发明专利的保护年限是20年，实用新型专利的保护年限是10年。过了保护年限，别人就可以免费仿造。因此，申请专利的发明创造，一般来讲最好是技术可行性高，实现难度可以预期，在现有的产业环境下能够变现的产品和方法。

专利申请成功后会被公布，任何人通过互联网都可以查到专利全文。因此，专利最好公布产品结构、外形这些需要保护的"产品性"的东西，而商业机密、诀窍、工艺等内容，不适合申请专利。

申请专利的目的是保护产品而不是炫耀技能。因此，在申请专利之前要做好工作，选择可以公布的内容去公布。在专利申请撰写时更要注意，写专利申请的目的是保护产品，而不是教会别人仿造自己的产品。

专利申请应该被视为一种商业行为，而不是学术行为。在各大高校里，学者一般更重视在《自然》（Nature）、《科学》（Science）等顶级学术期刊发表文章，以引起评价体系的重视，但专利只能作为评价体系的补充。这是因为高校在科研系统中的角色很大一部分是基础性研究、前瞻性研究、科学性研究，其研究的成果揭示了一种自然规律，这些成果是不适合申请专利的。这些成果发表在高水平期刊上，会有更大的影响力。

专利的申请内容由于要做商业化应用，因而从本质上讲，其在学术上的水平不大可能是顶级的。对顶级的学术发现，学者也会选择在期刊上发表，而不是申请专利。因此，在申请专利的内容选择上，不应该拿非常具有前瞻性、创造性和学术价值，而商业价值不明确，且适于发表在学术期刊上的内容去申请专利。

综上所述，专利具有工具价值和非工具价值。对于企业而言，专利应当是能够带来商业价值的资产。专利可以像其他商业工具一样，能够为企业带来经济效益，这就是专利的工具价值。当然，专利还可以为企业彰显技术实力和影响力，可以为发明人带来声誉和社会地位，这些都属于专利的非工具价值。

专利的商业价值包括两个部分，一是专利权本身产生的商业价值，一是专利文件记载的发明技术方案的应用所产生的商业价值，两者属于不同的概念。即使专利权完全丧失，专利文件所记载的发明应用仍有可能具有商业价值。有时候发明技术方案的应用不能带来商业价值，但其专利权却具有很高的商业价值。如在跨国企业的专利并购中，很多技术上非常先进但当前没有实际应用的超前专利估值是很高的。而企业则应既重点关注专利权的商业价值，在专利权有效的情况下，也关注其发明技术方案的应用所带来的商业价值。

(一) 技术价值

每一件技术专利都包含了能够解决技术问题的技术方案，但不是每一种技术方案都有实际应用价值。比如具有更好的可替代性技术时，该专利技术就很容易被淘汰。但是，技术先进性较高的专利并不都是高价值专利。比如有些技术先进性很高的专利，由于缺乏配套技术等很难具体实施，这些专利就很难称得上是高价值专利。

此外，高价值专利也不代表就是技术复杂程度很高的专利，有些容易被普遍采用的技术所形成的较为简单的专利也可能成为高价值专利。虽然专利价值的高低并不完全取决于技术方案的先进性、技术难度或者是技术复杂程度，但是高价值专利应当达到最基本技术含量的门槛，至少应当满足专利法意义上的新颖性、创造性和实用性要求。

（二）法律价值

专利权的核心在于专利的排他性。专利权人通过拥有一定时间、一定地域的排他权利，取得垄断性收益，实现专利的价值。专利权是法律意义上的一种私权，失去法律保护外衣的专利如无壳之蛋、无本之木。因此，专利权的法律保护坚实程度是一件专利实现其真正价值的保障。

（三）市场价值

企业制定获取和运用专利权的策略由专利所产生的经济效益能力直接驱动。专利所能产生的经济效益与其市场价值有直接关系，高市场价值的专利一定是同时具备技术价值和法律价值的专利，目前或预期未来能在市场上应用，并因此获得主导地位、竞争优势或巨额收益的专利，才是真正现实意义上的高市场价值专利。市场价值又可分为未来市场价值和现有市场价值。预期在未来市场中很可能用到的专利属于潜在高市场价值专利。

（四）战略价值

专利权人未必都能在申请专利时有明确的战略考量。大多数专利申请是研发人员在研发过程中的惯性使然，大量的专利申请只是对研发项目中细微创新点的一般性保护。有些专利申请甚至只是为了提升专利权人自身影响力而已。这些专利战略价值一般。真正具备技术意义上的价值基础和法律意义上的价值保障的高战略价值专利主要是某领域的基本专利和核心专利，另外还有为了应对竞争对手而在核心专利周围布置的具备组合价值或战略价值的钳制专利。

对于企业而言，这些专利要么能用来攻击和威胁竞争对手，要么能用来构筑牢固的技术壁垒，要么能作为重要的谈判筹码，或者兼而有之。这也是国内外一些知名企业知识产权管理人员的共识。

（五）经济价值

在专利的现有市场价值中，直接变现的现金流就是该专利可以直接衡量的经济价值。高经济价值的专利首先包括了大部分的高市场价值专利（有些具备高市场价值的专利之所以没有体现出其高经济价值，是因为法律环境或者专利权人的不作为），其次还包括专利交易和运营过程中（如专利质押、作价入股、专利转让、专利许可等）体现出高价格的其他专利，如着眼未来市场的储备性的核心专利等。

由此可知，高价值专利应当具备一些必要条件，比如一定的技术含量、较高的文本质量、较好的权利稳定性等。如果再加上市场应用前景好、产品市场占有率高、当前或未来市场控制力和竞争力强等，就有可能构成高价值专利的充分条件了。但是，反过来讲，高价值专利不一定是满足上述所有条件的专利。

比如，能实际带来较高经济价值的专利一定是高价值专利，而高价值专利则不一定能直接带来较高的经济价值。因此，高经济价值专利是高价值专利的充分条件，不是必要条件。

总之，在多数情况下，一般价值的专利占大多数是常态，而高价值专利如沙中的黄金，其稀缺是必然的，淘筛的过程是艰辛的。高价值专利亦如部队中的将军，是核心。但企业不能把所有士兵都培养成将军，一是不现实，二是光靠少数几个将军也很难打胜仗，不同的兵种和攻守平衡的武器配置都是需要的，所以，企业要上战场必然要做好准备！

6.3　"即刻未来"之华为

互联网技术的飞速发展，使信息爆炸时代提前到来，随之而来的是，我们无时无刻不在面临新的认知，面临各种各样的跨界知识。每天获取新的有价值的信息成了用户新的痛点。在这样的大背景之下，"知识付费"的概念应运而生。知识付费的本质，在于把知识变成产品或服务，以实现商业价值。简而言之，就是让知识的接受者付出相应的成本。面对纷繁芜杂的信息，越来越多的消费者也愿意为知识花钱了。知识付费在一定程度上能够帮助用户筛选有效信息。此外，付费的刺激，也有利于激发更多优秀内容和新颖想法的产生，同时也能让优质内容得到最大程度的曝光，实现双边价值效益最大化。在知识付费的影响之下，企业又衍生出了新的商业模式，即专利运营模式，这是指企业为获得与保持市场竞争优势，通过运营专利制度提供的专利保护手段及专利信息，谋求获取最佳经济效

益的总体性谋划。创新是企业发展的灵魂，因此，很多企业在
发展的过程中会研发出新的产品和技术。在知识付费时代，这
都将成为它们的盈利点。

众所周知，在通信技术领域，标准必要专利具备很高的商
业价值。所谓标准必要专利，简单来说就是在该领域的研究中
绝对会使用到的专利。拥有大量标准必要专利的公司将获得可
观的专利授权费用，并且能够帮助它们在产品质量和价格上更
加具有竞争力。一说到专利盈利，就不得不提到通信技术领域
的王者——高通公司。高通公司就是典型的靠专利盈利的公
司，每年仅凭自身拥有的专利，就能够获得巨额收益。"高通
税"也是这样诞生的。高通公司收取高额专利费，其原因在
于专利费是高通的主营业务和重要利润。在 2G/3G/4G 网络
下，高通公司通过研发积累了大量专利，通过收专利费，高通
公司才能获取研发成本，并为新的技术研发提供资金支持。由
此循环往复，高通公司才能盈利，才能在通信研发市场上占
据有利地位。调查显示，仅 2018 年，高通的专利授权费就高
达 51 亿美元，净利润超过 35 亿美元。这实在是一笔不小的
数额。

今时不同往日，世界正在逐步迈向 5G，中国通信技术也
已悄然崛起。提到 5G，就不得不说华为，在 5G 领域，华为
的技术和设备都处于世界领先地位。与此同时，也有越来越
多的国家和企业开始选择与华为合作进行 5G 建设。根据华为
公布的数据，在运营商业务方面，截至 2019 年 3 月底，华为

和全球各大运营商签订了 40 个 5G 商用合同，发出了 70 000
多个 5G 基站设备。可想而知，在 5G 这场专利战中，华为必
然会和高通公司一样，成为专利的提供商。就目前的情况而
言，华为掌握控制信道专利，未来所有使用 5G 移动网络的
智能设备厂商都要向华为缴纳专利授权费。有消息显示，只
要厂商使用华为的专利，就需收取一定费用，且收费标准比
友商低。在通往 5G 的道路上，华为已经先行了一步。当 5G
时代正式到来之时，标准必要专利也必然能够帮助华为大赚
一笔。

　　华为在全球 5G 领域技术遥遥领先是不可否认的事实。据
Nikkei Asian 消息，2018 年华为申请专利数量世界第一，不
仅如此，华为在 5G SEP 专利方面，也是当之无愧的第一。从
专利申请量和所掌握的标准必要专利方面来看，它已经将专利
盈利纳入了企业发展的重要领域。华为发表的白皮书表示，截
至 2018 年年底，华为累计获得授权专利 87 805 项，这其中有
11 152 项是美国专利。而且在近四年时间里，华为已经从这些
专利中获得了 14 亿元人民币的收入。

　　华为的惊喜远不止于此，除了潜心研究 5G 和鸿蒙系统，
华为还涉足了一个全新的领域：无人驾驶领域。专利数据公
司 Iplytics 于 2019 年 10 月 23 日发布全球"无人驾驶专利十
强"报告，华为以 49 个标准必要专利数量位居榜首。报告还
显示，为无人驾驶技术标准化工作作出最大贡献的三大企业
中，华为以压倒性的优势排名第一。华为在无人驾驶领域中标

准必要专利排行第一，也就意味着在该领域，华为仅靠收取专利费就能获得一笔不小的收入。近些年来，华为在专利领域颇有作为，而在实现无人驾驶的未来，华为必将到达一个全新的高度。

华为创始人兼 CEO 任正非曾经在采访中提到华为的知识产权不会武器化，但是相互之间的交互许可是必要的。这也就意味着，华为将把专利盈利作为企业盈利的重要组成部分。据报道，华为早在 2019 年 2 月份就提出要"解决专利许可费问题"。华为的这些专利涉及威瑞森 20 多家供应商公司的网络设备。这其中不乏一些美国主要科技公司。当然，这些专利费都是非常合理的。在知识付费的时代，要想获得核心的知识，就必须有所付出。这些华为专利涵盖了核心网络设备、有线基础设施和物联网技术，对相关企业而言，具有非凡意义。仅凭这些专利技术的加持，企业的产品就会增加很多附加价值，能赢得更广泛的消费人群。据相关人士透露，这些专利许可费将超 10 亿美元。

专利变现终于不再是外国企业的"专利"，越来越多的国内企业开始探索创新研发领域，并且都取得了不错的成绩，华为就是最有力的证明。在过去的一段时间里，华为用自己的研发成果展示了中国企业在通信领域的更多可能性，同时也为企业自身带来了良好的社会效益和经济效益。我们需要了解，专利收入是正当收入，在此之前，企业为了研发新的产品和技术，曾经投入过大量的资金，收取专利费很重要的考虑是回收成本。

而对于以华为为代表的中国企业而言，从专利付费者变为专利收费者，这不仅是身份的转换，更是在科学技术领域的完美逆袭。

在未来，专利收费将变为必然，不仅仅是手机行业，其他行业也会朝这个方向发展。如果企业不愿意支付这笔钱，那么就要鼓励自己的团队认真做研发。在市场竞争如此激烈的情况下，企业如果不能很好地适应复杂的商业环境，就将被时代淘汰，这是历史的必然选择。

6.4 "业界第一"之格力电器

说到专利盈利，不得不提到格力电器。早在 2015 年，格力电器就凭借 1 981 件发明专利申请受理量在中国企业发明专利排行榜上位居全国第九名，其也成为该榜单发布以来唯一一家上榜前十的家电企业。到 2016 年，格力电器再创新高，以 3 299 件发明专利申请受理量和 871 件发明专利授权量均上升至榜单第七位。格力电器能够进入该榜单，显示了其在自主创新方面的突出实力，同时也体现了中国企业在专利道路上的突破和飞跃。

格力电器在发展的过程中一再强调创新精神，并将其落到实处。在研发团队的共同努力之下，企业的创新研发能力急速提升。据了解，截至 2016 年年底，格力电器历年专利申请总量已经达到了 27 487 件，发明专利申请总量 10 975 件；历年授权总量为 15 862 件，发明专利授权总量为 1 852 件，成为空调领域专利申请量和拥有量最多的企业。当然，这不仅仅是数字的堆砌，更是研发团队智慧的结晶，最重要的是这些专利进一步稳固了其在家电行业龙头老大的地位。

创新是企业发展进步的灵魂，在经济转型的关键时期，企业的创新能力在很大程度上决定了企业的未来，而收取专利费实际上是保护知识产权和激励企业积极创新的手段。格力电器对于知识产权的高度重视，一方面确保了其在知识领域的领先地位，另一方面也提高了企业的核心竞争力。

格力电器是一家集研发、生产、销售、服务于一体的国际化家电企业。该企业成立至今不过二十多年，其发展速度却让很多企业望尘莫及。格力电器董事长董明珠曾经说过："创新是格力永恒不变的话题。"格力电器每年在创新方面投入大量资金，持续专注于技术创新，完成了从一家空调组装厂到一家科技化、多元化的全球型工业集团的转变，并掌握了大量的核心科技，实现了从中国制造到中国创造的突破。格力集团的发展历程就是一部了不起的创新史。

作为家电行业的领头羊，格力电器的企业文化与创新息息相关。也正因如此，该企业创新氛围浓厚，创新成果显著。格力电器旗下的格力品牌空调，在中国连续多年销量排名第一。作为业内的世界名牌，格力空调的业务遍及全球 100 多个国家和地区，如今已经成为行业全球第一。归根到底，这都是专利带来的巨大效益。在经过一系列的创新研究之后，格力空调掌握了核心科技，在行业内建立起了声望，由此形成品牌效应，这对企业进一步打开国内外市场是非常有利的。

格力集团的创新成果如此之多，其中有什么诀窍吗？格力在管理机制上又是如何培养创新型人才的呢？首先，格力电器设置了科学的知识产权奖励机制，每年都会专门设立金额较高的科技进步奖励基金，对每年在管理创新和技术创新领域有突出贡献的单位和个人进行奖励。这种奖励方式，不仅能够使科研人员感觉受到肯定，同时还会调动他们的创新积极性，为来年的科研工作做好铺垫。

长期以来，格力电器把技术创新作为企业的核心竞争力，非常注重专利保护。为了抢占技术制高点，格力电器投入大量人力、物力、财力，形成了自己的一套技术研发体系。至于成果，则是有目共睹的：2017 年申请技术专利 7 698 项。这也就意味着，平均每天有超过 20 项专利申请问世。格力电器还成立了知识产权办公室，开发了全流程知识产权管理系统，实现了对知识产权从开发到结束的全生命周期的电子化管理。科技创新平台的诞生，也为研发提供了更为便捷的条件。这其中收录的与产品相关的近 800 万条专利数据，成为研发人员新的灵感集中营。站在巨人的肩膀上，格力电器研发的起点变得更高了，也更有利于开发出更多更好的产品和技术。

目前，格力电器拥有全球最大的空调研发中心，这里有最好的设备、最优秀的人才、最先进的技术。这是每一个研发人员梦寐以求的工作环境。这也从侧面反映了每一项科研成果的提出，背后都有很多的付出。大量资金的投入也是后期要收取专利费的一个重要原因。

当今世界是一个开放共赢的世界，科技是国家的重要武器。企业作为创新的主体，是推动科技发展的重要力量。为了更好地适应当前的经济环境，更好地为消费者服务，众多国内企业踏上改革创新的道路，并且在短时间内取得了不错的成绩，为中国专利技术的快速发展提供了可能。以"2019 上半年全球智能家居发明专利排行榜（TOP100）"为例，以往这种榜单对于我国企业来说是可望不可即的。而今，榜单前十的企业中有五家是中国企业。这种进步，不仅仅是在国内，放眼全球都是一件令人骄傲的事情。其中，专利数量占榜单前十数量的 52%。格力电器以 219 件专利数量高居全球第二，中国第一。无论就哪个层面来说，这一榜单对中国企业在专利发展的路上都具有重要的意义。

一路走来，格力电器经历了很多，但是无论市场环境如何变化，无论企业面临怎样的挑战，它都一直紧抓核心技术，从各个方向实现创新与突破。这也为它始终走在行业前列，并获得持续健康的发展提供了帮助。

专注于自主创新的格力电器，现在开始探索新的领域。除了主营业务的研发，公司也开始涉足周边产品的生产，例如持续发力智能家居、智能装备、新能源等领域。为了更好地服务社会、服务消费者，为了帮助企业实现新的跨越式发展，格力电器也逐步完成了从一家专业化暖通空调企业到多元化、全球型工业集团的蜕变。为了改变中国制造在很多人脑海里的刻板印象，赢得更广阔的消费市场和更多人的认可，必须坚定自主创新的决心，让中国制造向中国创造跨越，让中国速度向中国质量跨越，让中国产品向中国品牌跨越。要勇敢地走出去，要像很多外企一样，除了卖产品还要卖专利。专利盈利的风口正在形成，在知识付费的时代，没有"免费的午餐"。

数据显示，格力家用空调产销量已连续 13 年领跑全球，并在 160 多个国家和地区建立自主品牌销售渠道。作为中国名牌，它成功地占据了全球 30% 的空调市场份额，这样的成就始于格力人对创新的深刻认识以及不懈的钻研精神。在这个充满各种诱惑的时代，很多企业都妄想着能够有一条捷径，一条直接通向成功的大道，真正脚踏实地做产品、搞科研的企业少之又少。事实证明，只有坚持自主创新的企业才是最后的赢家，格力电器的创新之路还很长，也许会遇到更多的挑战和困难，但解决了这些问题，企业就会到达一个全新的高度。格力电器作为"中国制造"的代表企业，率先扛起了"让世界爱上中国制造"的大旗。它致力于用优秀的品质和领先的技术来改变世界。它的成功标志着新时期中国企业的觉醒。

第7章

CHAPTER 7

收益不设限的金融盈利

金融盈利是指依靠钱赚钱的模式来盈利，所有银行的主要盈利方式都是金融盈利。银行怎么赚钱？有的说，银行赚的是贷款利息与存款利息的差价。比如，我今天存了 100 万元在银行，银行存款的利息是 3%，借款的利息是 10%，那么中间的利差就是 7%，银行一年就赚 7 万元。

如果真是这样，银行早就倒闭了，这种赚钱的逻辑只是靠产品来盈利，是没有杠杆的盈利方式。而事实上，银行使用的是杠杆盈利模式。比如银行有一种工具叫承兑汇票，企业要向银行借钱，银行只需要开出承兑汇票就可以了，企业不会把钱取走，这个现金还是留在银行。

如果银行开出 10 张承兑汇票，就有了 10 倍的杠杆，这笔现金的价值也就被放大 10 倍！同样一笔钱，银行的收益就是 70 万元！理论上说，银行是可以开出无数张承兑汇票的，但法律上当然是不允许的。

虽然具体的盈利手段和来源不同，但金融机构在促进资金流通的过程中，其盈利模式可以统一归纳为：

净资产 × 利差 × 杠杆 + 中间业务

从本质上说，金融的逻辑就是促进资金的流通，实现资金在时间和空间上的转移，其核心是对未来和风险的定价。金融机构的核心业务其实就是资本中介业务，盈利的核心就是利差 × 杠杆。利差和杠杆的乘积表示了其核心的盈利能力。

金融机构的主要盈利板块见表 1：

表 1 金融机构的主要盈利板块

银行业	主要赚取存贷的息差收益
保险业	主要赚取保险合约的息差收益
证券业	主要赚取资本息差，以经纪、投行通道为主的中间业务占主导
期货业	主要赚取交易所返佣和息差
信托业	主要赚取信托合约的息差

在消费金融最火热的两年，巨头们几乎都涌进了消费金融领域。百度金融开拓线下场景，却又在一年后收缩，重点布局线上和企业端业务；蚂蚁金服这两年风头正盛，帝国已成，却和监管层摩擦不断，业内诟病不少；京东金融的消费金融业务开始盈利，并打出"赋能"牌，和传统金融机构合作紧密。

看起来各有擅长领域，却又暗自交锋，互相追赶，随时有弯道超车的可能。未来，消费金融这片巨头必争之地，战况将更为激烈。以百度、阿里巴巴、腾讯为代表的互联网公司结合自身的优势，逐步将金融深度植入各类生活场景之中，比如百度的流量延伸、腾讯的社交金融、阿里巴巴的长尾用户……这些公司的产品在提升用户体验的同时，也在不断地构筑自己的闭环生态系统。

而京东、小米、360 也连续在众筹、支付、贷款等金融板块上发力，展现出进军互联网金融领域的决心。传统金融机构平安集团主动出击，积极布局互联网金融，希望利用互联网的优势超越其他大型金融集团；传统实业代表万达集团也欲在 BAT 的夹缝中撕开一道口子，为线下体验式消费提供综合金融服务。

在跑马圈地的过程中，各家大企业不仅迅速地抢占牌照资格、流量资源，也注重在相关的领域与传统金融机构展开战略合作，如：百度与中信银行成立百信银行；腾讯与阿里巴巴、平安联合成立首家互联网保险公司众安在线。这些动作在巩固各自优势的同时，也让互联网金融领域精彩纷呈。

2015 年年底，李彦宏给全公司发了一封邮件，宣布百度金融服务事业群组（FSG）成立，百度金融就此诞生。据百度金融相关负责人透露：在百度金融最早期，企业将百度外卖、百度糯米、百度地图等多个场景的数据打通，并将虚假账号清除，尽可能实名化。其后，再用这些数据做用户画像。但即便如此，这些数据依然无法和其他巨头相比。于是，百度金融制定了一个新的战略——线下场景突围。而在 2017 年下半年，百度金融大概是意识到线下难做，策略开始转移，重点发力在"百度有钱花"的线上借贷部分，并开始做一些服务 B 端（面向企业）的产品。

2017 年，百度金融上演的是一个在曲折中寻找自我的故事。2017 胡润大中华区独角兽指数显示，蚂蚁金服估值已超过 4 000 亿元人民币。蚂蚁金服正在以其他企业无法企及的速度，快速扩充金融版图。

2015 年 4 月，花呗正式上线，吹响了蚂蚁金服布局消费金融帝国的号角。随后，借呗、天猫分期购、蚂蚁小贷、口碑贷等多个金融产品相继出现。这两年，蚂蚁金服的数据也确实傲人。

截至 2017 年 6 月末，蚂蚁花呗营收 14 亿元人民币，净利润为 10.2 亿元人民币。而另一边，蚂蚁借呗也是战功赫赫，成绩斐然。蚂蚁金服披露的数据显示，蚂蚁借呗 2017 年前三季度净利润高达 45 亿元人民币。这样的业绩，已超过部分城商行的利润水平。同时，蚂蚁金服也拿到了全牌照，并通过投资的方式，几乎触及了金融的所有领域和板块。媒体将其称为"令人颤抖的超级帝国"。在这个帝国体系中，2C（个人）业务突出，但在与企业合作上，却没达到最佳结果。

从成立之初，蚂蚁金服的定位就颇为强势：搅动传统金融的鲶鱼。"如果银行不改变，我们就改变银行。"2014 年，蚂蚁金服成立，马云站在时代浪头前振臂一呼，以颠覆者形象出现的支付宝和蚂蚁金服，和银行的关系一直有些紧张。

但是，在蚂蚁金服成立两周年的年会上，马云不再强调改变银行，而是说："蚂蚁正在形成一个巨大的经济体，在这个经济体里面，我们采用了生态的合作，而不是帝国的思想。"2017年开始，蚂蚁金服也陆陆续续开始和银行合作。

实际上，最先推开消费金融大门的，不是蚂蚁金服，而是京东金融。2014 年年初，京东就上线了"白条"业务。2017年，京东金融在消费金融上频频布局。实际上，和百度金融一样，2107 年京东金融也切入了很多线下场景，例如零售、教育、租房、汽车。

但和百度金融不同的是，京东金融不靠线下获客，而是靠白名单体系获客。例如，一个人申请医美贷款，首先得是京东的用户，且是"白名单"的好用户，才给予放款。除了线下场景的拓展，另一个重要举措是，京东金融和大量公司合作。

无疑，在所有巨头中，京东金融和银行的合作是最为紧密的。京东金融也对外表示，其目前合作的银行业机构已超 400家。2017 年 6 月底，京东金融联合多家银行分别推出了小白联名卡，又在一个月后和招商银行发布小白信用联名卡。银联、工商银行也与其签订了战略合作或年度合作协议。也就是说，京东金融正在给传统金融机构输出自己最强的两大优势：获客和技术。

这可能和蚂蚁金服与银行的微妙关系不太一样——因为京东金融从成立之初，定位就和蚂蚁金服截然不同。早在 2015年，京东金融 CEO 陈生强就提出，京东金融的定位是科技公司，其以数据为基础，以技术为手段，为金融行业服务。也就是说，京东金融不想成为垄断者和王者。

除此之外，京东金融在 2017 年还有两个颇让人意外的举动。一方面，京东支付推出了"京东闪付"，消费者可以在银联的闪付 POS 机上，直接将手机贴上去完成支付。另一方面，京东金融在做"小白信用"，其逻辑和芝麻信用类似，根据用户的身份、资产、偏好、履约、关系等多个维度来构建信用。在此基础上，京东金融推出了"职场信用""小白信用联名卡"等产品。这意味着即使在蚂蚁金服风头最劲的信用领域，京东金融也在发力。百度金融的婉转，蚂蚁金服的野心，京东金融的温和，都是巨头为自己挑选的道路和战略。金融行业恐怕是无法垄断的，一方面监管机构不会允许，另一方面金融需求繁杂。场景众多，一家机构很难满足全部需求。要想做得更大、走得更远，也许共生多赢才是正解。

7.2   杠杆原理

互联网金融是传统金融与互联网结合后的产物。目前，国内主要的互联网金融发展模式有众筹、P2P、第三方支付、互联网投融资平台等，由此来看，互联网金融可以说已进入到快速发展期，将形成一个流动的生态圈。

金融的核心是资金流动，互联网金融也不例外，但与传统金融机构相比，互联网金融具备较多优势：无地域、时间等因素限制，可以吸纳众多个人闲散资金集中到平台来高效使用；可以打通信息沟通壁垒，基本做到金融信息透明化，消除一部分信任危机；可以帮助转化角色，使得金融流通的双方地位平等，更加开放，更接近共赢效果。

传统金融机构的资金流动渠道往往比较单一，流动性不高，使用效率较低，而互联网金融在现阶段可以最大限度地盘活资金流动。以众筹和 P2P 平台为例，可以把个人的闲散资金集中起来，使小资金也插上翅膀具备流动价值，然后通过平台自身来运营资金，让资金在个人、平台、企业之间高效率流动，形成一个流动生态圈，既大大提高了资金的使用率，同时又可以为多方提供便利，形成共赢。

阿里巴巴集团致力于为全球创造便捷的网上交易渠道，提供多元化的互联网业务，其业务涵盖 B2B 贸易、个人零售、支付、企业管理软件和生活分类信息等服务范畴。集团业务和关联公司的业务包括：淘宝网、天猫、聚划算、全球速卖通、阿里巴巴国际交易市场、1688、阿里妈妈、阿里云、蚂蚁金服、菜鸟网络等。

蚂蚁金融服务集团于 2014 年 10 月正式成立，专注于服务小微企业与普通消费者，是阿里巴巴集团多项业务中的重要一环。蚂蚁金服旗下业务包括支付宝、芝麻信用、蚂蚁聚宝、网商银行、蚂蚁小贷、蚂蚁金融云、余额宝、招财宝、蚂蚁花呗等，自成立起便明确走平台化的道路。其将开放云计算、大数据和信用体系等底层平台，推动移动金融服务在三、四线城市和农村的普及。

腾讯金融业务布局在 2015 年发生重大改变，取消了此前以财付通为主体构建的金融业务构架，并将其全部划入新的"支付基础平台与金融应用线"下。腾讯以"连接一切"为终极战略目标，业务定位倾向于打造开放平台，发挥"连接器"作用，故其金融业务多为渠道、流量入口、平台等模式，强调合作共生。

以 2005 年 9 月财付通成立为标志，腾讯进军金融领域已有十几年。以往，腾讯对金融业务的战略定位是抢占渠道、流量入口，以合作的方式做大渠道和入口。这种打法有利于发挥腾讯的传统资源优势，但是缺乏可以贯穿整个商业周期的产品，市场占有率也不够理想。

随着时间推移，腾讯金融"全牌照"布局逐步完成，在完成金融生态闭环建设后，腾讯金融未来的关键在于自身数据资源的挖掘以及应用场景的搭建。当然，这个时代要懂金融，就一定要懂金融杠杆原理。金融体系风险起因于金融杠杆过高，但要判断金融杠杆是否过高，同样首先要明确什么是金融杠杆。如果仅从微观杠杆指标的绝对数来讨论金融部门杠杆高低，而忽视了金融杠杆的形成机制，无异于刻舟求剑。

杠杆（leverage）简单地说就是一个乘号。使用这个工具，可以放大投资的结果，无论最终的结果是收益还是损失，都会以一个固定的比例增加，所以，在使用这个工具之前，投资者必须仔细分析投资项目中的收益预期，还有可能遭遇的风险。其实最安全的方法是将收益预期尽可能缩小，而风险预期尽可能扩大，这样做出的投资决策所得到的结果则必然会在预料之中。使用金融杠杆的时候，现金流的支出可能会增大，决策者必须要考虑到这一点，否则资金链一旦断裂，即使最后的结果可以是巨大的收益，也必须要面对提前出局的下场。

金融杠杆（financial leverage）在财务上通常是指总资产

与所有者权益的比值，用来衡量金融风险。金融杠杆越高，风险越大。简单来说，金融杠杆就相当于所有者用自己的钱来撬动别人的钱。当他用自己的一小部分钱撬动别人的大量金钱（即金融杠杆高）时，暗藏的风险就较大。

增加金融杠杆的驱动力在于两点：一是长端资产回报率提高；二是短端负债利率下降。所以，金融杠杆风险敞口暴露的触发点也在于两个：一是长端资产回报率骤降；二是短端负债利率骤升。

金融机构加杠杆实际上就是借短拆长的资产负债表扩张进程，而这一进程也是信用扩张进程。

金融机构资产负债表扩张为信用扩张机制的重要环节。在信用扩张进程中，货币完成流通；金融机构资产负债表扩张意味着短久期负债和长久期资产同时扩张，我们用"借短拆长"来形象描述这一扩表过程；金融机构存在结构性差异，不同金融机构之间的资金融入融出虽不影响整体金融部门杠杆，但会产生金融风险，主要是期限错配带来的流动性风险。

总而言之，金融机构主要利用扩张短久期负债、投资长久期资产来完成加杠杆。而商业银行相当于资金池：商业银行的负债项主要记录商业银行资金来源；商业银行的资产项主要记录商业银行资金去向。

由以上分析还可得到如下三点结论：

1.资产端的资产回报率为长端利率，负债端的资金利率为短端利率；长端资产利率根本上来讲取决于实体投资回报率。

这也是为何在实体迅速扩张或央行货币宽松两种情形下，都能见到金融机构迅速加杠杆。与之相应，当长端资产回报率骤降、短端负债利率骤升时，均会触发金融杠杆风险，对应到现实情形就是资产价格大幅下挫、货币迅速收紧。

2. 金融杠杆与金融系统风险之间关系较为复杂，不能将两者混为一谈。如上所述，金融体系加杠杆原理就是金融机构在信用扩张过程中资产负债表不断扩张，所以在一定程度上，金融杠杆就是实体杠杆的侧面。当我们谈及"金融杠杆过高"这一论断时，隐含前提是我们需要知道一个金融机构应有的杠杆水平。通常而言，这一应有的杠杆水平，是金融机构匹配实体生产所需的最优水平。只有超出这一最优水平的杠杆水平，才能被定义为金融杠杆过高。我们认为只有拆解了金融杠杆形成机制，才能看清金融体系蕴含的不同层次的风险。

3. 金融去杠杆方向在于两点：一是采用中性或偏紧货币政策从整体上稳定短端负债利率；二是采用结构性方法控制局部金融机构规模扩张过快。既然金融杠杆在于"借短拆长"，而长端资产回报率下行意味着以下挫资产价格或实体生产为代价，所以相对而言，在不触发流动性风险前提下，温和抬升短端负债利率是有效且低成本的方法。此外，金融机构存在结构性差异，因此而起的部分金融机构扩表提速，即便从总量上并不放大整体金融部门杠杆，也会放大期限错配压力，产生流动性风险。对这一部分金融部门进行杠杆调控，能有效降低金融体系风险。

7.3 "不走寻常路"之巴菲特

提起股票，人们第一时间就会想到"股神"巴菲特，这位享誉全球的著名投资人，集"当代最伟大的投资者""华尔街股神""20 世纪八大投资大师榜首"等众多称号于一身。他是众多投资者心中的偶像，他的一些价值投资理念更是被奉为圭臬。

据《福布斯》统计，截至 2018 年，巴菲特的净个人财富约为 846 亿美元，仅在贝佐斯和比尔·盖茨之后，位列全球富人榜第三位。当然，他的投资生涯也不是一帆风顺的，其间也经历了很多的挫折，但是他坚持价值投资，长期持有可口可乐股票，以及坚决不碰科技股，成功躲过科技股大崩盘的战绩，都表明他具有独到的眼光和敏锐的市场洞察能力。

巴菲特有句名言：在别人恐惧的时候我贪婪，在别人贪婪的时候我恐惧。他的很多经典投资都与这种投资理念不谋而合，因此在很多人看来，他是一个"不走寻常路"的投资者。不可否认的是，他的成功投资之道，值得所有投资人深入地学习和研究。

巴菲特和可口可乐的故事相信很多人都听说过，这也是他投资生涯中浓墨重彩的一笔。当今世界，几乎没有人不知道可口可乐。作为饮料市场的巨头，可口可乐卖的不是产品而是品牌。因此，在某种程度上，可口可乐已经成为一种美国文化的象征。而巴菲特与可口可乐的缘分要从 1978 年 10 月 19 日说起。那是一个举世闻名的"黑色星期一"，道琼斯工业指数带头暴跌，引发全球股市狂泻。正在所有人都处于金融危机的恐慌之中时，巴菲特做出了一个惊人的举动，他大量买入可口可乐公司的股票，并且希望可口可乐公司总裁唐纳德能够帮助他保守秘密。这在当时看来似乎是一件让人匪夷所思的事情，但是事实证明他的决断是正确的。这个具有百年传奇的品牌，扭转了局势，从 1977 年至 2003 年的 16 年间，巴菲特一直持有可口可乐股票，从未动摇过，投资收益率高达 681.37%。虽然这期间可口可乐也出现过一些问题，导致业绩下滑，但是巴菲特一直坚持自己的判断，最终实现了高额的投资回报。对于巴菲特而言，这无疑是一次成功的投资经历，但是对于年轻的投资人来说，应该搞清楚的是巴菲特的投资逻辑和投资动机：他为什么选在经济最低迷的时候买进这只股票？为什么在公司遇到问题的时候还坚持持有股票？

首先，在经济危机期间买进优质股票相当于用很低的价格买入优质公司的股权，这直接导致巴菲特买入可口可乐股票 10 年后，得到了超过 10 倍的收益。其次，巴菲特选择可口可乐股票并不是盲目的。可口可乐作为最有商业价值的世界品牌之一，完美地契合了巴菲特的选股标准：第一，选择具有长期稳定性的产业；第二，在产业中选择具有突出竞争优势的企业；第三，在优势公司中选择最优秀、最有竞争优势，且具有长期可持续性的企业。

可口可乐在饮料行业的地位是毋庸置疑的，在世界范围内能与之抗衡的企业屈指可数，再加上其在品牌经营上深入人心，在市场上长期占有较为明显的竞争优势，且在短时间内难逢敌手，这对于投资者而言，就是一只不可多得的优质股票。但是在市场行情正常的时候买入，价格一定不便宜，恰逢金融危机，巴菲特及时入手，坐等盈利。

可口可乐的百年辉煌业绩，使它成为一个不败的股市传奇，而巴菲特的投资依据说到底，并不是短时期的市场行情，而是根据对公司承受风险的能力判断要不要买入股票，这也是此次投资成功的关键因素。

除了可口可乐，最为人们津津乐道的就是巴菲特对吉列剃须刀的投资案例。吉列剃须刀与可口可乐有着很多相似点，最明显的就是它们都是具成长性的国际品牌。在第一次世界大战和第二次世界大战期间，吉列剃须刀成为重要的军需用品，并快速发展起来。它和可口可乐一样具有较高的市场认可度，其在剃须刀领域的全球占有率长期高于 60%。

据有关资料，1989 年，吉列公司发行了一种可转换优先股，年利息为 8.75%，并可以以每股 50 美元转换为普通股票，强制赎回期限为 10 年。巴菲特用伯克希尔的资金买入了 6 亿美元的吉列可转换优先股。这是他基于多方风险评估和价值判断，再三权衡之后所做的决定。巴菲特认为投资可转换优先股，无论遇到什么情况都是相对安全的，如果公司业绩不佳或股票价格下降，还是可以收回成本并得到 8.75% 的股息，相反如果公司股市表现良好，也可以将投资转换成普通股从而获利。

巴菲特之所以购买吉列公司的股份是因为他对该公司进行了全方位的评判。第一，作为男士，他很熟悉吉列剃须刀，在品质上认可它。第二，吉列剃须刀的价格便宜，市场需求量很大。第三，吉列公司是一家百年老店。吉列刀片已经有 100 多年的历史，经历了两次世界大战之后，吉列已经成为领导剃须刀行业的跨国公司，并长期保持领导地位。这足以证明吉列公司能够经得起市场的重重考验，是值得投资的优质公司。

1991 年，吉列公司提前赎回可转换优先股，巴菲特随即将可转换优先股转换成普通股。当年年底，伯克希尔持有吉列股票的总市值为 13.47 亿美元，是购买成本 6 亿美元的 2.25 倍，收益率高达为 125%。他此后长期持有该股票，到 2004 年年底，所持股票市值增长到 43 亿美元，投资收益率高达 6 倍以上。

吉列剃须刀能够长期获得巴菲特的青睐，一个重要的原因是该公司非常注重产品的创新。在巴菲特看来，一家公司最大的竞争优势在于不断创新，只有创新才能不断开创蓝海市场，才能吸引更多的消费者，由此获得高增长和高利润。

另一个重要原因是，吉列剃须刀在行业中的霸主地位有目共睹。吉列公司多年来一直统治着全球剃须刀市场，很长一段时间内，几乎所有人都把"吉列"看成是剃须刀的代名词。巴菲特用数字分析了吉列的市场地位："世界上每年剃须刀片消费量为 200 亿至 210 亿片。其中 30% 是吉列公司生产的，但按市场份额计算，吉列公司在全球剃须刀片销售额中占了 60%。"巴菲特经过一番盘算，认为无论是从市场行情还是从公司的实力来看，吉列公司都是一只值得投资的绩优股，于是果断出手。事实再次证明他的判断是正确的，其在吉列公司的投资是值得的，收益是丰厚的。

或许在很多人的眼里，股市是个风险之地，但在巴菲特看来，股市和我们正常上班一样，并没有太多风险。他表示"股市并不是不可捉摸的，人人都可以做一个理性的投资者"，但是前提是要对行业有一定的了解，要洞悉市场的变化。巴菲特在进行投资之前会翻阅大量书籍和资料，对所选企业的各方面做出周全、准确的判断。权衡利弊，才最终做出投资行为，巴菲特看似不寻常的投资行为，实际上是最理智的判断。

7.4 真格基金之投资"动真格"

投资是创新创业项目孵化的一种形式，无论是国家、企业还是个人的投资行为，都是为了达到互利互惠的目的，是对项目产业化综合体进行资本助推发展的经济活动。简单来说，类似于"伯乐遇千里马"的故事。有道是："千里马常有，而伯乐不常有。"正如今天的投资行业，遇到好的项目并不难，难的是遇到优秀的投资人和投资团队。像巴菲特那样杰出的投资人不仅自身得到了巨大的收益，同时也给企业带来了进一步的发展。最终实现双赢局面的投资才是成功的投资。

被称为"创业教父"的徐小平和王强共同创办了真格基金。基金成立以后，一直备受瞩目，也取得了不小的成就，"最佳天使投资机构奖""年度风云投资机构奖""中国最受创业者欢迎投资机构 TOP100"等大大小小的奖项在一定程度上印证了它的成功。

　　真格基金专注创业早期阶段，包括天使轮到 pre-A 投资，投资涉及教育、电商、AI、大数据、机器人芯片等众多领域。这其中也不乏我们熟悉的一些企业，如聚美优品、小红书、格林深瞳、造作新家、优车诚品等。其中，聚美优品的市值还一度超过新东方，成为真格基金投资最成功的项目之一。

　　随着时代的发展，文娱产业的火爆是历史的必然。物质层面的需求已经被互联网改造得比较彻底了，因此，物质层面的提高，很难再给人们带来同比例的幸福感。发展经济的本质是提高幸福感，所以精神的需求开始被重视起来。

　　2014 年开始，真格基金逐步加大了其在文娱领域的投资，主要方向是新媒体。在这一领域的大胆尝试，与真格基金创立的初衷相契合，真格基金一直致力于寻找全世界最优秀的年轻人，投资他们未来的时间和青春。真格基金早期股权投资并不是看趋势，找风口，而是通过投"人"创造风口。真格基金习惯于找到最优秀的创业者，帮助他们做新的商业模式迭代，跟创业者一起去开创新时代。

　　papi 酱就是一个典型的文娱投资案例，2016 年 3 月，"中国第一网红"papi 酱获得了真格基金、罗辑思维、光源资本和星图资本 1 200 万元天使轮投资。这笔看似突然的投资，也并不是一时冲动，主要是考虑到传统的娱乐产业已经有了较为成熟的发展模式，艺人生态也比较成熟和稳固，而相比之下，新兴的网红群体和线上平台的"草根明星"更能吸引大众的注意，也更易于商业转化，投资价值较高。2016 年，正是网红经济逐渐进入公众视野的时候，然而，要在行业里找到一支高素质的专业团队却不是一件容易的事情。正在这时，papi 酱横空出世，其团队成员皆为专业院校毕业，社会阅历丰富，而且创作能力极强，这样的团队实际上刚好弥补了市场缺口，自然是投资者的不二选择，但是，他们肯定想不到 papi 酱会一夜爆红，成为现象级流量网红。仅仅一个月的时间，这个"集美貌与才华"的短视频内容创作者，完成了从无人知晓到全民热议的网红传奇的华丽蜕变。从获得千万投资、估值过亿，到一条贴片广告被卖出了 2 200 万元，papi 酱在业内开启了刷屏模式。被誉为"2016 年第一网红"的她，不仅是人气与话题的代名词，也成了广告商和资本市场的宠儿，尤其是 2016 年 4 月 21 日举行的广告拍卖活动，不仅以天价落幕，还将舆论热潮掀向顶点。当天，关于这场拍卖会的种种细节在第一时间席卷了各大门户网站，就连虎嗅、36 氪等业内知名平台也纷纷予以头条报道。朋友圈和社交平台热点几乎全部被相关话题占据。papi 酱完成了一次无死角刷屏，一时间风光无限。

无论人们如何看待这一现象，无可否认的是，papi 酱迅速走红的背后是网红经济的彻底爆发。以 papi 酱为首的一大批网络内容生产者，抓住时代的浪潮，以势如破竹之势占领文娱市场。这是一种另类的内容变现，不可否认，它是合理的，且对消费者市场有很大的吸引力。资本主导下的内容创业时代或许已经正式到来。这同时也预示着商业模式变革正在逐步形成。

到了 2016 年下半年，papi 酱的热度似乎开始呈现下滑趋势，但是，2017 年 4 月，papi 酱的经纪公司泰洋川禾文化传媒徐州有限公司宣布完成 1.2 亿元人民币的 A 轮融资，真格基金第二次仍然参与了 papi 酱的投资项目。

很多人好奇，在这样的局势面前，为何真格基金还会投资 papi 酱项目。其实原因很简单。经过 2016 年一年的运作，papi 酱已经不再是一个普通的网红了。2017 年 3 月，papi 酱这一 IP 的运作使其在市场上具有了一定的影响力；加上其所在的公司被并入拥有众多当红明星的经纪公司泰洋川禾，使其在团队运营上如虎添翼。泰洋川禾透露 papi 酱可能会朝着明星化的趋势发展，但她又不同于传统的明星艺人，在进入明星行列之前已经拥有了较高的人气和市场号召力，一个自带话题的艺人又怎么会有不红的道理。papi 酱的成功也说明了网红明星化的路程具有一定的可行性。可以预见的是，papi 酱的明星化潜力不容小觑。当然，这是真格基金当时对这个项目的考量。如今看来，这种具有前瞻性的预测确已成真，papi 酱通过参加各种综艺节目，在娱乐圈混得风生水起，各大电视台也都争先恐后把她奉为座上宾，除了她本人具有较强的商业价值之外，很大一部分原因在于公司的运作得当。

真格基金的这次投资无疑是成功的，这与其投资的宗旨存在莫大的关联。真格基金的投资宗旨，是以数码化的形式，将内容进行呈现、传播和商业化；投资不仅看重风口，更看重创造风口的年轻人。按照这个宗旨，真格基金投资了 papi 酱。所以，对于投资公司来说，最理想的投资策略不是追逐已经形成的风口，而是以专业的知识、独到的眼光去发现未来的风口。随着经济的不断发展，人们的衣食住行需求逐渐被满足，因此对于企业来说，需要考虑的是消费者在物质需求得到满足的时候，精神需求是否也得到了满足。未来的商业竞争潮流将是争夺用户心智阶梯的注意力战争。真格基金开始投资文娱产业，也是在充分了解市场需求之后做出的决定。当大量平台、服务、APP 功能高度重叠的时候，谁能占有用户更多的时间，谁就能获得更多的商业机会。

真格基金在投资的过程中有自己的一套准则和体系，因此在投资方面获得了很大的成功。但是换一个角度来观察，作为被投资的网红项目的主角，papi 酱也很好地运用了金融杠杆的原理，利用融资获得的资金，创造了更大的商业价值，不仅帮助自己走红，还能为投资方盈利。在投资关系中，这是最为理想的状态，投资双方互利共赢是最终的目的，所有过程都是为这一目的服务的。

第8章

避无可避的国家盈利

8.1   生态系统

所有大型的互联网公司，它们的最终目的就是发展成国家盈利这种模式。它们透过聚焦庞大的用户量，服务用户的方方面面，包括生活、工作，最后形成一个盈利的生态系统。只要用户在该公司的这套生态系统之内，他参与的所有经济行为都和该公司有关，因此我们把这种盈利方式称为"生态盈利"。

"沧海横流，方显英雄本色。" 20 多年的互联网经济发展史，几乎每一条赛道都经历过从各方蜂拥而入，到快速淘汰大多数模式不清晰、商业化不明朗的商业模式的历程：门户、搜索、网络文学、电商、团购、在线视频、数字音乐、O2O、共享经济、直播和短视频等领域，都在重复上演着类似的"轮回"。对于互联网的每一条赛道而言，企业能够实现"剩者为王"，赢得用户是基础，之后更要在商业模式、管理以及技术创新等方面做到极致，才能保持在市场竞争中的优势地位。

以在线视频赛道为例，从 2007 年的六间房、酷六和土豆等率先发力，到优酷、腾讯视频、搜狐视频以及乐视等陆续登场，在反盗版、版权大战以及发力"网生内容"等多股风潮之后，最终形成了当前的优酷、爱奇艺、腾讯三足鼎立的行业格局——寡头格局的形成，不仅来自资本的助力，更来自用户、市场和行业的抉择。但即使行业资源如此集中，对于优酷、爱奇艺、腾讯而言，何时实现盈利仍然是长期的课题。

而和在线视频同处互联网泛娱乐赛道的直播，虽也在重复着类似的剧情，诸多直播平台纷纷"下线"离场，但与此同时，也逐渐形成了以映客、陌陌、YY 和虎牙为主的突出重围、成功 IPO 并实现盈利的头部直播阵营。相对于在线视频等互联网赛道，直播头部玩家在商业化上走得更快一些。例如，根据映客公布的 2018 年年报，映客就实现连续 13 个季度的盈利。

所以，当我们站在国家的高度再看阿里巴巴，那就很好理解了。当已然站在巅峰的马云，遥想初创业时被各种拒绝、质疑的那个年轻的自己时，必定感慨万千。亲身经历的成功让他确信，任何个人或企业，之所以能达成目标，不是因为别人自愿施舍给你，而是因为别人自愿贡献给你。马云的成功正是因为他在模仿国家"赚钱"的方式，他给阿里巴巴设计的模式是全世界最好的商业模式——国家盈利模式。国家盈利模式让人睁眼起来就花钱、睡觉之前也花钱，来到世上要花钱、离开这世界还得花钱。人无时无刻不在花钱，也就意味着国家无时无刻不在收税。

消费就会产生消费税、产生利润要付所得税、增值部分要补增值税，分红要收个人所得税，买车就要准备好车辆购置税，买房请为房产税买单。等哪天再没奋斗目标，你觉得可以安心养老了？对不起，走前留下遗产税。有这样无时无刻不在运转的机制做保障，怎么会赚不到钱呢？

顾名思义，对国家盈利，我们可以理解为强制盈利。用到公司层面，我们称之为"生态盈利"，把客户像鱼儿一样圈进生态的闭环，在这个池子里构建自己的盈利主导性，想怎么捞就怎么捞。现在的互联网巨头无一不是这么干的，从"阿里生态"到"腾讯生态""京东生态"（百度估计已经搭不起完整的生态链了）等。在生态巨头的眼里，公司形式只是实现闭环的工具，其本质是一个王国，是其家"税"和家"法"的制定者。

换言之，尽管国家盈利的方式多种多样，但最普遍的收入还是税收。那么，我们国家的税收是怎样的呢？

来自企业层面的税收：增值税、企业所得税、城建税、教育费附加、堤围防护费、印花税……

来自个人层面的税收：个人所得税、购置税、车船税、验车上牌费、房产契税、印花税……

因此，所谓国家盈利，就是一个人从出生到死，从早上起床到晚上睡觉，他所花的每一分钱都跟国家有关。所以，国家盈利也是最高级别的盈利模式。

美国开国三杰之一本杰明·富兰克林有一句名言:"在这世上,唯有死亡与税不可避免。"说穿了,人的一生要面对的终极考验就是死亡和纳税。

税收是国家的经济根本,关系到国家的存续。在一定程度上说,税收就是人类为文明社会而必须付出的代价。没有税收连公共权力都无法保证,何谈发展和富强。税收是经济和文明发达程度的决定因素之一。

以管仲拜相为例,他认为取人财于无形无觉之中,则无怒可生。这就是增值税的原理。管仲几千年前就已经懂了这其中的道理,他提出"寓税于价",即把税收藏在商品之中,使纳税人看不到、觉不到,在浑浑噩噩中税就被征了。他是怎么做的呢?

(一) 设立海盐平台,渡让国家资源生产权,滋生交易

收费难是自古存在的问题,但如果方法巧妙则能让收费的本质变得隐蔽,能有效降低执行成本,柔化反弹。管仲发明管山海的垄断模式(山出铁矿、海产海盐),对盐铁实行专营。自管仲变法以后,国家收入除了税收还新生出一项专营收入。凡涉及社稷民生,必由"国企"担纲。

既然盐、铁只有国家能卖,那加点价不就又有税了!专营最终解释权(所有权)当然是国家的,但管仲在实操阶段很懂得变通和激励。导入"民营组织"自由(竞争性)生产,然后国家来统一购销。生产的权力在你手上,定价(税)的权力在

国家手上。

（二）免费策略广引人气

　　为引聚商流，管仲推出新法，规定不对来齐国的空车征税，这还不是最有威力的，另外还规定不对背包徒步者征税。这还不算，政府还出面用公款建造酒家、客栈，免费供人使用。齐国的营商环境被彻底激活。

　　改革是为了开放，更是为了放开。如果能把他国的商人吸引到齐国，就不怕赚不到钱。管仲知道，只要有人来就有千万种方法掏他的口袋。这世上最贵的东西就是免费的东西，这么先进的思想，老祖宗早就懂啦！

（三）跟进高附加值、高性价比产品以丰富利润增长点

　　齐国利用自己得天独厚的海盐资源，向他国抽重税，另外还囤积原材料抬升市场价格。齐国运用先进的开放理念和独特的资源，多方调控、疏堵有序（软硬兼施），对征税对象避重就轻、精准取税，最终成为强国。

　　再反观阿里巴巴集团，它不是几个网站的集合，而是一个产业的生态系统，上面的 800 万卖家就是阿里巴巴的纳税大户。首先，由淘宝利用免费的门槛吸引了大量卖家入驻，然后又用低价吸引大量买家进来。当卖家的数量多了之后，卖家打开淘宝，眼花缭乱，看不到自己的店铺，怎么办？阿里巴巴于是推出了阿里妈妈，让阿里妈妈帮你做推广，以致现

在越来越多的卖家抱怨：在淘宝上开店，仅推广成本就占了 30%。

如果用国家盈利的逻辑来看，那 30% 不就是税收吗？可是抱怨归抱怨，淘宝店照样还得开，因为店家所有的网购用户都在上面。当然，这里列举的仅仅是阿里巴巴在电子商务这个领域的冰山一角。事实上，阿里巴巴和马云帝国的盈利已经不单单局限于电子商务，而是真正延伸到人们生活的方方面面。

帝国经济

我认为，生态系统最重要的特征是同心圆，即以用户为圆心，把各大看似不相关但又紧密联系的业务组成一组同心圆，既保持一定的独立性，又可以发挥协同效应，使用户的价值最大化！

如今的社交巨头腾讯，可以说是很多厂商可望而不可即的存在。它的战略重心是社交、游戏、网媒、无线、电商和搜索六大块业务，其手握微信和 QQ 这两张王牌，几近霸占着整个国民的社交脉络。而游戏业务更是几乎为腾讯每年提供了一大半的营收和利润，可以毫不夸张地说，腾讯的千亿市值、高昂的股价都是游戏业务支撑起来的。

过去十年间，腾讯低调却又敏捷地投资了近百家与游戏相关的公司，背后主要操盘手便是华尔街出身的刘炽平。不同于阿里巴巴的强硬，所采取的更非维旺迪"野蛮人"式的收购手段，被人戏谑为"佛系"投资风格的腾讯给予被投公司充分的自主权，其"共生"理念更是得到业内的认可。

2010 年的"3Q"大战彻底粉碎了腾讯的封闭氛围，迫使其迈开了战略投资的第一步；9 年后在游戏行业中累计投资逾百亿美元的腾讯已是名利双收，投资足迹早已遍布亚欧美三大洲，构建起了一条完整的游戏产业链。如今这只市值逾 3 万亿港元的庞然大物，背后到底隐藏着一个怎样的游戏帝国呢？

（一）腾讯的投资之路：横跨十年时间，投资 700 家公司，发掘 122 只独角兽

对于腾讯而言，2010 年无疑是极为重要的分水岭。随着"3Q"大战的爆发，"凶残的抄袭者""以大欺小"等骂名如潮水般席卷整个腾讯帝国。而这场危机最终迫使腾讯确立资本开放策略，并于 2011 年成立腾讯投资创业基金。

观察腾讯过去十年的投资动态，我们发现该公司自 2014 年起迎来投资支出的大爆发，并于 2018 年达到峰值，其间投资金额高达 77.98 亿美元，投资事件 54 起。同时据私募通数据显示，过去十年内腾讯在互联网、电信及增值业务、IT 三个行业的投资金额分别为 140 亿美元、47 亿美元和 40 亿美元。坐拥资本和流量两大利器的腾讯，在投资战场上拥有得天独厚的优势。巨大的投资收益虽能使腾讯赚得盆满钵满，其中风险却也不容忽视。

腾讯的投资之路并非一帆风顺，2018 年四季度中其投资业

务便遭遇了一场"滑铁卢"。在美联储年内四度加息与全球经济增长放缓等压力下，美股于 2018 年末经历了轮番暴跌，在大盘剧烈动荡之下，腾讯的投资业务也受波及，除已持有上市公司的股价出现下跌以外，非上市公司融资难度增加、估值下降也造成一定的市值损失，再加上新的会计准则实施，导致腾讯 2018 年四季度净利润数据出现剧烈波动。投资这把"双刃剑"在为腾讯带来丰厚回报的同时，所带来的亏损风险亦如影随形。

（二）海外游戏投资：狂烧百亿美元打造游戏产业链，一线大厂纷纷收入囊中

虽说腾讯在过去 10 年间豪掷逾百亿美元布局海外游戏产业链，但由于港交所的披露规则，腾讯的投资收购路径被蒙上一层神秘的面纱。

1. 每年投资一家外国游戏巨头，海外版图横跨亚欧美三大洲。

据不完全统计，过去十年内腾讯在海外游戏市场共发起超 33 笔投资并购交易，投资标的遍布亚欧美三大洲的 13 个国家和地区，被投公司类型涵盖了基础引擎技术、游戏研发、渠道发行、社区平台四大领域。

从 2012 年开始，腾讯保持着每年至少投资一家游戏大厂的节奏，第一家被腾讯收入囊中的厂商便是拥有虚幻引擎的 Epic Games（持股 48.40%），随后七年内腾讯又陆续投资了动

视暴雪（持股 6%）、CJ Games（持股 28%）、拳头公司（持股100%）、Supercell（持股 84.30%）、育碧（持股 5%）以及蓝洞工作室（持股 10%）。

除了投资拥有引擎技术与强大研发能力的游戏公司以外，腾讯还在渠道发行上发力布局，例如收购新加坡的游戏出版运营商 Level up（持股 100%）以及韩国游戏平台 Kakao Games（持股 13.84%）。其中 Level up 是巴西及菲律宾主要的游戏出版商和运营商之一，拥有九年运营经验；Kakao Games 则是中国厂商进军韩国市场的主要渠道之一。在社区平台方面，腾讯也曾出手投资韩国版微信 Kakao 以及欧洲游戏社区 ZAM。

没有豪言壮语，也没有大肆张扬，腾讯在过去十年间早已默默打造起一条完整的海外游戏产业链，并和国际一线游戏大厂建立长期战略关系，确保公司能在全球范围内拿到最好的游戏。

2. 从投资动视暴雪到 Epic Games，腾讯要的不仅仅是爆款游戏。

据 Sensor Tower 发布的 2019 年一季度全球移动游戏收入榜单显示，动视暴雪旗下《糖果传奇》拿下总收入榜单第四位，Epic Games 的《堡垒之夜》拿下 App Store 收入榜单第六位，Supercell 旗下《荒野乱斗》名列 Google Play 收入榜单第七，这三个爆款游戏背后均有腾讯的投资身影。

爆款游戏固然能带来丰厚收益，但事实上，腾讯投资动视暴雪和 Epic Games 所能得到的回报绝不止这些账面流水。以

Epic Games 为例，该公司拥有的虚幻引擎可以说是家喻户晓。截至 2018 年 3 月份，全球虚幻引擎用户已达到 500 万。除了腾讯、完美、西山居、畅游等大型游戏公司使用虚幻引擎之外，越来越多的独立游戏开发者也开始使用虚幻引擎开发游戏，腾讯旗下两款战术竞技手游也得到 Epic Games 的技术支持。而发布仅三天，吸金逾 9 600 万元人民币的《和平精英》亦是采用虚幻引擎 4 研发而成。

而手握大量优质 IP 的动视暴雪宛如一座金矿，旗下的《使命召唤》《糖果粉碎》《守望先锋》《魔兽争霸》《炉石传说》《暗黑破坏神》等游戏在全球范围内均拥有极高的知名度。于 2019 年一季度全球移动游戏收入综合榜单中名列第四的《糖果传奇》在欧美市场备受玩家青睐，这款上线时间近七年的老游戏竟能连续两年蝉联美国畅销手游冠军宝座。火爆全球的《使命召唤》系列自然不必多说。据 2018 年 PC 与主机平台买断制游戏收入排行显示，《使命召唤：黑色行动 4》和《使命召唤：二战》两款游戏分别位列第四名与第六名，两者共吸金逾 11 亿美元。

（三）国内游戏投资名单持续扩充：直播、电竞、二次元均不放过

在海外积极扩张的同时，腾讯在国内游戏产业链的投资步伐也从未停止过。2018 年 2 月 8 日，盛趣游戏（原盛大游戏）发布公告称，腾讯以 30 亿元人民币战略入股盛趣游戏，后者曾推出过《热血传奇》《传奇世界》《泡泡堂》《龙之谷》《最终幻想 14》等 70 多款经典网络游戏。除了布局老牌游戏厂商以外，

腾讯还投资了一家成立于 2011 年的深圳手游公司乐逗游戏，其母公司便是于 2018 年 12 月初成功在港交所敲钟的创梦天地。在直播领域，腾讯分别以 4.62 亿美元与 6.32 亿美元投资了虎牙与斗鱼，前者已于 2018 年 5 月 11 日成功赴美上市。而在纳斯达克挂牌的哔哩哔哩身后也有腾讯资本撑腰，后者或是看中未来 Z 世代市场这块大蛋糕。

九年前的腾讯游戏因缺乏研发能力而遭人诟病，九年后在全游戏产业链实现广泛布局的腾讯终于走到了全球游戏产业的前沿。曾有人质疑腾讯变得"投行化"，认为该公司过度专注于投资而忽略了创新。但实际上，经历过一连串资本操作后，腾讯几乎与全球一流游戏厂商均建立了战略合作关系，不仅能拿到相当可观的流水分成甚至是股权收益，更能借助其他公司的技术与 IP 从而研发出自己的游戏，最终补齐研发能力不足这块短板。十年投资路，成就了腾讯游戏帝国最坚实的一部分。

由此可见，大型互联网公司，它们的最终目的就是发展成国家盈利这种模式，透过聚集庞大的用户量，服务用户的方方面面，最后形成一个盈利的生态系统。只要用户在该公司这套生态系统之内，他参与的所有经济行为都和该公司有关。

8.3　"创富传奇"之三星

众所周知，三星集团是韩国最大的跨国企业集团，旗下公司包括三星电子、三星物产、三星航空、三星人寿保险等 85 家。其中有 15 家公司已经上市，3 家是世界 500 强，业务范围十分广泛。这些产业一年的营业收入加起来大概是 3 200 亿美元，因此，从数据来看，"三星富可敌国"绝不是戏言。

提到三星，大部分人都会想到三星手机，作为全球销量一哥，三星几乎成为无人不知、无人不晓的手机品牌。三星非常注重手机主要元件的自主研发能力，是众多跨国品牌中唯一一家能够自己研发生产屏幕、CPU、摄像头、内存的企业。但是必须强调的是三星电子仅仅是三星集团下的一个子公司。三星所涉及的领域远不止于此，近年来，三星申请的专利除了手机领域，还包括虚拟现实、医疗器材、家庭自动化以及替代燃料车辆等方面。事实上，三星集团在社会上扮演着各种各样的角色，很多看似没有关联的产业中都有三星集团旗下的重要子公司。例如，很多人都不知道三星是韩国第一军火商，是一家非常知名的国际军工企业。三星在电子领域的突出优势，经常会让人们忽略它在其他领域的一些成就。三星的军工产品与现代集团的军舰业务存在很大的差异，三星的军工产品更加关注软件、作战系统、雷达系统等。创新研发能力是企业的核心竞争力，三星在刚刚进入军工产业的时候，研发能力是比较弱的，它从模仿做起，在积累了一定的技术之后，便开始研发属于自己的产品。即使在军工产业，它也有很多不同的产品，独立开发出火炮系统，曾是三星的一个创举，其后三星又在 2006 年独立推出了 6×6 新型多功能轮式装甲车。

总体而言，三星集团比我们想象中的更加强大。作为韩国十大财团之首，同时也是全球 500 强，三星集团已经是世界上涉及业务最广的公司，甚至很多子公司都能出现在世界 500 强中。从数码产品到飞机、坦克，从世界第一高楼到轮船、核电站，纵观全球，似乎随处都能看到三星的标志。目前全球最高的迪拜塔、吉隆坡的双子塔、台湾 101 大厦等知名建筑物都是三星的杰作。除此之外，三星造船厂也是当前全球订单数量最多的造船厂之一，而在太阳能、风能等领域，三星也颇有建树。

不仅如此，如今的三星集团还拥有自己的时装品牌、酒店、游乐园、医院、影业和媒体。三星集团的影响力无须多言，韩国能成为世界前 15 的经济体，三星功不可没。三星的整体营收更是占到了韩国 GDP 的 20% 左右，占了韩国所有企业总收入的 33%，直接或者间接地养活了韩国一半以上的人口。在韩国流传着一个非常有趣的说法，韩国人的一生中有三件事是无法避免的：衰亡、税收和三星。对于一位首尔居民来说，他的生活不可避免地与三星发生着关系：他可能出生在三星医院，住在三星工程建设公司建造的公寓，用的是三星手机，穿的衣服可能是来自三星纺织品子公司的 Bean Pole 品牌，购买的其他各种产品也可能是三星旗下的公司制造的。可以说韩国人生活的方方面面都与三星存在着密切的联系。"三星帝国"名副其实地存在着，生活在三星帝国中的人们无法跳脱它的商圈。这也就意味着，他们要为三星的产品买单。这里所说的产品，包括有形的商品，也包括知识产权、科学技术等一些无形的商品。这是企业发展的最高目标，即无时无刻被客户需要。

就是这样强大的一家公司，有谁能想到，它刚刚成立的时候仅仅是一个贩卖蔬菜、水果、鱼干之类的小商会。一路走来，三星成就了一个商业传奇。也许从 1969 年开始成立三星电子的时候，就预示着它的命运将会改变。1974 年，当三星发现全球电子行业的机会，便开始了全面扩张的道路，不仅仅是着眼韩国，在公司技术研发不断提高的同时，三星的目标就变成了走向世界。当然，在这个过程中它也经历了很多困难，但是不想当将军的士兵不是好士兵，它的野心成就了今时今日的地位。

三星的发展历程，其实在某种程度上与我国的一些电子产品企业非常相似。不同的是，面对市场危机，它及时抓住机会，并且成功扭转了局势。所谓时势造英雄，三星便是其中的代表。起初，在电子行业，三星还不具有与英特尔、NEC 抗衡的实力，也无法打破它们的垄断。直至 1984 年，全球电子市场价格开始雪崩，尤其是内存价格。这次危机之后，很多优秀的老牌厂家纷纷退出了市场。就是在这样的风口浪尖上，三星逆势而上，不仅增加研发投入，还开始大举吞并半导体企业，购买相近的技术，优化自身的条件。终于在四年之后，市场再次迎来了曙光，电子产品价格也开始回暖。由于此前的英明战略和发展决策，这时的三星已经开始占据市场主动权，实现了盈利，经过几年时间，积累了大量的研发经验，在不知不觉中缩小了与世界巨头之间的差距。蓄势待发的三星，终于在 1992 年率先推出了全球首个 64M DRAM，这一举动直接促成了三星对日本NEC 公司的逆袭和超越。自此，三星开始大举进军日本市场，形成全面开花的局面。

三星真正开始掌控内存市场，要追溯到 2008 年的全球性金融危机，当大部分企业只是在想方设法维持自身的正常运营时，三星再次做出了一个惊人的举动，不惜以亏本为代价，将公司的全部利润用来扩大产能。它的这一策略，对整个行业造成了巨大的冲击，甚至日本著名的尔必达公司也因此破产。经此一役，整个内存产品行业也开始改朝换代，三星在全行业范围内确立了自己的领先地位。在当时的内存行业中，也只剩下了三星、海力士和美光，而三星以及海力士均为韩国企业，两者占据了全球 75% 的市场份额，几乎形成了行业垄断的局面。在尝到了内存市场的甜头之后，三星开始把目光投到其他领域，并开始乐此不疲地复制这种策略，逐渐形成今天的"三星帝国"。

　　三星的成功说明一个道理：在决定命运的关键时刻，除了要有非凡的魄力杀出重围，还要注重提高企业的自主创新和研发能力。技术的更新是企业发展不可或缺的重要条件。当然，要建立三星这样规模的企业不是一朝一夕能够完成的事情。三星的国家盈利模式看似无法复制，但是其在发展过程中运用的策略和决断，对今天的新兴企业而言，有着重要的借鉴意义和研究价值。没有哪一个企业是可以随便成功的，想要形成自己的竞争优势就要有自己的特色和亮点，只要企业拥有无法取代的优势，就能够运筹于帷幄之中，决胜于千里之外。

8.4　　"缺啥做啥"之阿里

阿里巴巴作为中国电子商务界的一个神话，已经不仅仅是中国的骄傲了，它的战略布局决定它已成为世界级企业，而它的传奇之路从 1998 年创立之初就开始了。阿里巴巴创立后在短短几年时间里累积了大量的企业会员，并且在发展的过程中不断壮大，逐渐演变成一个庞大的商业帝国。公司业务涉及众多领域，旗下公司包括淘宝网、天猫、聚划算、全球速卖通、阿里巴巴国际交易市场、1688、阿里妈妈、阿里云、蚂蚁金服、菜鸟网络等。

阿里巴巴网站的目标是建立全球最大、最活跃的网上贸易市场，它从一开始就有别于传统互联网公司以技术为驱动的网络服务模式，开创了一种独特的商业模式。阿里巴巴有非常明确的市场定位，市场缺什么它就做什么。每个时期做什么事，都已经有了自己的计划。在发展初期企业专注于做信息流，而后又前瞻性地观望资金流，并在恰当的时候介入支付环节。总体来看，它的运营模式是环环相扣的，不但有一套完整的计划，而且在实施过程中，又能够及时地与市场行情相结合，审时度势，不断捕捉新的收入机会。

阿里巴巴遵循"客户需要什么我们就提供什么"的商业理念并据此确定自己的商业模式，其大致的发展历程分为五个阶段：一是抢先快速圈地。这一时期很多企业发展需要的是更多关于市场行情的信息，于是阿里巴巴为企业提供免费信息，从而帮助企业占领市场，并在充分调研企业市场需求的基础上，把企业的注册信息进行分类整合，有针对性地为企业提供有效的信息服务。采用免费的方式来大量争取企业，对于一个个人出资的公司，是非常有洞见和魄力的。二是利用第一步的成功开展企业的信用认证，敲开创收的大门。阿里巴巴在 2002 年首次推出了中国互联网上的诚信认证方式——诚信通，并从中国的国情出发将征信系统纳入企业的考虑范围，把握了中国电子商务交易市场上的关键问题。这也是阿里巴巴最初的创收渠道。三是考虑到很多企业的对外发展需求，它掌握了 5 000 家外商采购企业的名单，实实在在帮助中国企业打开出口的大门，扩大贸易范围。四是并购雅虎，开发一种可以延续发展的电子商务搜索。电子商务搜索可以将电子商务所涉及的产品信息、企业信息，以及物流、支付等有关信息串联起来，逐步形成一种电子商务信息的标准。五是培育一个开放、协同、繁荣的电子商务生态系统。近年来，阿里巴巴与多个国际巨头达成全面战略合作，从各个领域打通和拓宽了电子商务的关联环节，巩固了其在市场上的领先地位，并开启了其在各个领域的探索。

说到阿里巴巴"缺啥做啥"的经营理念，也许很多人不能很好地理解，接下来以一些阿里巴巴的业务和关联业务为例，看看它是如何"想消费者之所想"的。

淘宝网：中国最大的网上购物平台。淘宝网是注重多元化选择、商品价值和购物便利的中国消费者首选的网上购物平台。

天猫：中国最大的为品牌及零售商设立的第三方平台，致力为日益成熟的中国消费者提供选购顶级品牌产品的优质网购体验。

聚划算：中国最受欢迎的团购网站，主要通过限时促销活动，结合众多消费者的需求，以优惠的价格提供优质的商品。

全球速卖通：为全球消费者设的零售市场。

阿里巴巴国际交易市场：领先的全球批发贸易平台，服务全球数以百万计的买家和供应商。小企业可以通过阿里巴巴国际交易市场，将产品销售到其他国家。

1688：中国领先的网上批发市场。1688为在阿里巴巴集团旗下从事零售市场经营业务的商家提供了从本地批发商采购产品的渠道。

阿里妈妈：领先的网上营销技术平台，是为阿里巴巴集团旗下交易市场的卖家提供 PC 及移动营销服务的网上营销技术平台。此外，阿里妈妈也通过淘宝联盟向这些卖家提供同类型而又适用于第三方网站的营销服务。

阿里云计算：定位为云计算与数据管理平台开发商，支持阿里巴巴集团网上及移动商业生态系统的参与者，当中包括卖家及其他第三方客户和企业。

支付宝：现在是中国最大的第三方网上支付服务供应商，为个人及企业用户提供方便快捷、安全可靠的网上及移动支付和收款服务。支付宝为阿里巴巴集团旗下平台所产生的交易以及面向中国境内第三方的交易提供支付及担保交易服务。此外，支付宝是淘宝网及天猫的买家和卖家的主要结算方式。

中国智能物流骨干网：定位为物流信息平台运营商。中国智能物流骨干网（菜鸟网络）是阿里巴巴集团的一家关联公司的全资子公司，致力于满足现在及未来中国网上和移动商务在物流方面的需求。

如果说亚马逊是全球 B2C 的典范，阿里巴巴就是世界 B2B 的典范。关于阿里巴巴的盈利模式，人们谈论很多。它是组合拳盈利，是进化盈利链，是动态发展的盈利模式，如果将其特点归结到企业战略和核心竞争力的一个共同点上，就是"难以模仿"。阿里巴巴的盈利模式是难以模仿的一个典型。

即便阿里巴巴的商业模式难以模仿，但对很多新兴企业而言还是有很重要的借鉴意义。企业战略转变推动商业模式创新，阿里巴巴在跳跃式发展过程中不断进行商业模式的创新。例如支付宝模式就是创新。目前，阿里巴巴的云计算、阿里贷款等模式，都是伴随企业战略变革的商业模式创新。商业模式与企业的经营理念保持一致，是企业获得成功的前提条件。战略规划具有指导意义，而经营战略则是在企业进入某种类型的经营业务后，根据领域的不同而推出的恰当的竞争方式和运营手法。因此，企业战略转变是推动商业模式创新的重要战略决策。

科学定位是商业模式创新的基石，是创造顾客需求的源头。阿里巴巴主打中小企业这张牌，以满足中小企业需求为出发点，帮助中国企业实现全球采购，为全世界中小企业搭建全球贸易的网商平台。这一科学而准确的定位是阿里巴巴商业模式创新的基石，并不断据此促进客户需求的创造。阿里巴巴正是在不断创造顾客需求的过程中，帮助企业实现规模的扩大、效率的改善、资源整合能力的提升，以及对社会产生越来越重要的影响。

好的商业模式有助于企业核心竞争力的提高。阿里巴巴商业模式具有强有力的核心竞争机制，它通过科学定位，扩大业务系统的规模，掌控各种关键资源和能力，驱动企业发现衍生和延伸的各种增值服务，并由该增值服务形成可持续发展的现金流，创造企业价值。

阿里巴巴不仅仅是一个赚钱的企业，它的业务更促成一种双赢结果。它解决了社会就业问题，推进了经济发展，从本质上改变了我们的生活方式，提高了我们的生活品质。

参考文献

［1］赵为民，饶润平．低成本为王：揭秘格兰仕纵横全球的赢利模式．北京：世界知识出版社，2008．

［2］约翰·斯特内博．宜家真相：藏在沙发、蜡烛与马桶刷背后的秘密．牟百冶，肖开容，译．桂林：漓江出版社，2014．

［3］真柏，星旻．路易·威登的中国传奇．杭州：浙江人民出版社，2012．

［4］肖阳，品牌价值管理：基于顾客感知与创新驱动的视角．北京：经济科学出版社，2015．

［5］刘平均．品牌价值发展理论．朱秋玲，等译．北京：中国质检出版社，中国标准出版社，2016．

［6］王晓明，赵黎，王玥．转型：企业极速变革引爆万亿市场．北京：中信出版社，2015．

［7］张学军．六个核桃凭什么从0过100亿．北京：中华工商联合出版社，2015．

［8］黎万强．参与感：小米口碑营销内部手册．北京：中

信出版社，2014．

［9］丁会仁．口碑：雷军和他的小米之道．沈阳：万卷出版公司，2018．

［10］高慕．这才叫创业合伙人：从携程、如家到汉庭的启示．广州：广东经济出版社，2016．

［11］冯邦彦．百年利丰：跨国集团亚洲再出发．2版．北京：中国人民大学出版社，2011．

［12］贾振勇，魏炜．商业模式的专利保护：原理与实践．北京：机械工业出版社，2018．

［13］陆晔飞．巴菲特的估值逻辑：20个投资案例深入复盘．李必龙，林安霁，李羿，译．北京：机械工业出版社，2017．

［14］于文心．三星帝国．北京：现代出版社，2014．

［15］阿里巴巴集团．马云：未来已来．北京：红旗出版社，2017．

后　记

　　"男儿何不带吴钩，收取关山五十州。"作为一个常年"指引作战"的企业家导师，我总觉得这句诗很提气，常能让人豪情满怀，斗志昂扬，也使市场征战过程有了更多金戈铁马、酣畅淋漓的快感。我十多年来专注于商业模式的策划，致力于寻找企业的现金流和创新的盈利模式，从资本角度切入企业的战略，做好商业模式创新的先行者。

　　本书作为"资本架构学"系列的第二册，旨在立足新商业时代，帮助企业家找到快速提升盈利能力和提高效率的新方法。因为在今天，凡是能看得到、听得到的"快速做大、快速赚钱"的公司，几乎都不是靠产品。这不是说产品不重要，而是说有比产品更重要的东西：你得有一套模式。

　　比如说，很多人都在卖杯子，都在研究这个杯子怎么卖，都在说自家的杯子质量如何如何好，可就是卖不掉！很多人都在卖保健品、卖口服液，说吃了如何如何好，可也是卖不掉！很多人都在卖按摩椅，说功能如何强大，按摩如何舒服，可仍是卖不掉！是产品不好？是销售水平太差？还是广告没有做到位？都不是。事实上，我们"逆向盈利"课程的一个学员，他也在卖杯子，卖了4个月就赚到了2 000万元人民币。他靠的是什么？靠杯子本身吗？杯子在市场上本来就有，他这个杯子也是别人做的，只是拿过来贴个牌就拿去卖。但是在短短4个月的时间里，他能够卖出380万个杯子，靠的就是在共享经济时代下一套共享的商业模式。

这就是"逆向盈利"课程能给企业家提供帮助的重要原因。"逆向盈利"课程切中今天所有中小微企业的一个刚需，那就是从过去靠卖产品赚钱的时代，开始迈向靠模式赚钱的时代。逆向盈利就是要改变你原有的赚钱逻辑和思维模式。

过去，传统的正向盈利的四种思维模式就是"收入、成本、利润、投资"。每天研究如何降低成本，因为收入提高，成本降低，企业就可以实现利润最大化。当企业实现利润最大化的时候，老板接着可以再加大投资，因为加大投资就可以扩大规模：你可以从1个店变2个店，2个店变4个店，4个店变8个店；如果开工厂的话，就从1条生产线变2条生产线，2条生产线变4条生产线，4条生产线变8条生产线……因为规模越大，代表企业收入越高，在别人眼里越成功，然后形成规模效应，把成本降到最低来赚更多的钱，继续实现更大的利润。

但现实是，在今天，不管你开工厂还是开门店、做批发，如果你还停留在传统正向盈利的"收入、成本、利润、投资"这四种思维的话，你会发现创业举步维艰，生意越来越难做！因为今天赚钱的逻辑已经开始从传统的四大思维迈向创新的四大思维。创新的四大思维是"入口思维、平台思维、跨行思维、生态思维"。

入口思维让在你创办公司之前，就可以有源源不断的客流量。

平台思维让你不用发工资，让竞争对手帮你做生意，而你也可以靠竞争对手的产品，创造出庞大的现金流。

跨行思维让你跳出原有的主营业务。盈利方式不一定局限在主营业务，你还能够有跨行业的盈利收入。

生态思维可以让你整合资源，重新布局。如果你今天的资源完全靠自己个人的资金、个人的人脉、个人的能力、个人的渠道、个人的产品，那么在今天做生意，这些明显不够。

而且，逆向盈利还有一个非常重要的方向，我把它称为"钱景规划"。也就是说，钱到底在哪里？大家过去都以为，钱在一个地方，叫消费市场。事实上，我们发现钱有三个市场：

第一个市场：消费市场。消费市场的主要特征是进行普通的商品买卖。

第二个市场：创业市场。创业市场买卖的不是商品本身，而是一个赚钱的机会，所以，设计一套模式，然后通过这个模式帮助别人挣到钱，其实就是今天最好的生意。今天，全世界最好的创业市场就在中国！

第三个市场：资本市场。在美国、日本、欧洲各国，几乎没有什么创业市场。在发达国家和地区，基本上只有两大市场：资本市场、消费市场。资本市场买卖的商品不是我们所理解的货品，而是股权、资金等。

所以，未来最大的盈利机会，不是在消费市场，而是在资本市场和创业市场。往小的方面讲，就是你要研究如何把手头的股权变成钱，把你做的事情设计出一套模式，然后把这个模式卖给别人，让别人能够挣钱。这才是今天真正的最大的赚钱机会！

本书介绍的八种盈利模式不仅是企业的生涯规划，也是企业在不同发展阶段所选择的不同盈利模式，这是每个企业家必须掌握的。

管理学大师彼得·德鲁克说过：未来企业之间的竞争，是基于商业模式的竞争。商业模式是企业分析中必须考察的一个项目，很多时候商业模式的特点直接决定了一个企业的成败，商业模式的创新更是创新的重要一环。

王小波说过一句话：一个人只拥有此生此世是不够的，他还应该拥有诗意的人生。套用一下他的话：作为一个商业模式的创新者，只拥有此时此地所得所获是不够的，他还应该拥有更宽广的未来，追求更具内涵和更富理想的人生。

虽然有时候实践未必能出真知，但作为在社交平台幸得大家支持的"知识网红"，我为500多家企业做过咨询策划服务，并逐渐成为业界不多的具有多年实战经验的企业家导师。我有幸在中国这个大市场里历练成长、浮沉商海，总有许多感悟不吐不快，总有一种冲动想与人分享，于是便有了这本书。书中不拘泥于系统，拒绝深奥，只讲我的实践、我的思考、我的收获。坐言起行，衷心希望这本书对读者，对更多的创业者和企业家有所帮助，是为后记。

周　导

图书在版编目（CIP）数据

逆向盈利 3.0：新商业时代的八大硬核模式 / 周导著 . -- 北京：中国人民大学出版社，2020.7

ISBN 978-7-300-28142-1

Ⅰ.①逆⋯ Ⅱ.①周⋯ Ⅲ.①企业管理－盈利－研究 Ⅳ.① F275.4

中国版本图书馆 CIP 数据核字（2020）第 090380 号

逆向盈利 3.0
——新商业时代的八大硬核模式

周导 著

Nixiang Yingli 3.0

出版发行	中国人民大学出版社	
社　　址	北京中关村大街 31 号	邮政编码　100080
电　　话	010－62511242（总编室）	010－62511770（质管部）
	010－82501766（邮购部）	010－62514148（门市部）
	010－62515195（发行公司）	010－62515275（盗版举报）
网　　址	http://www.crup.com.cn	
经　　销	新华书店	
印　　刷	北京联兴盛业印刷股份有限公司	
规　　格	148mm×210mm　32 开本	版　　次　2020 年 7 月第 1 版
印　　张	6.75 插页 2	印　　次　2021 年 1 月第 3 次印刷
字　　数	120 000	定　　价　59.00 元